Reimer Gronemeyer

Altwerden ist das Schönste und Dümmste, was einem passieren kann

edition Körber-STIFTUNG

Mehr Bäume.
Weniger CO$_2$.
www.cpibooks.de/klimaneutral

Bibliografische Information der Deutschen Nationalbibliothek

Die Deutsche Nationalbibliothek verzeichnet diese Publikation
in der Deutschen Nationalbibliografie; detaillierte bibliografische
Daten sind im Internet über http://dnb.d-nb.de abrufbar.

© edition Körber-Stiftung, Hamburg 2014
Umschlag: Groothuis. www.groothuis.de
Covergestaltung und Illustration: Ralf Nietmann |
www.ralfnietmann.de
Der Autor wird vertreten von Aenne Glienke/Agentur für
Autoren und Verlage
Herstellung: Das Herstellungsbüro, Hamburg |
buch-herstellungsbuero.de
Druck und Bindung: CPI – Clausen & Bosse, Leck
Printed in Germany

ISBN 978-3-89684-160-5

www.edition-koerber-stiftung.de

»Man muss schon sehr lange leben,
um jung zu werden.«

PABLO PICASSO
IM ALTER VON 91 JAHREN

Inhalt

KAPITEL 1

Altern in Würde?

Wie die Altersbilder mit der Wirklichkeit zusammenstoßen

>*»Er fühlte sich alt in der Jugend und jung im Alter.«*
> HUGO BALL ÜBER HERMANN HESSE

Alt sein – so kommt es mir vor – ist ein Zustand der Betäubung. Ich spüre das Alter nicht oder nur, wenn ich in den Spiegel schaue. Und auch da *sehe* ich es mehr, als dass ich es empfinde. Meine Falten sind mir gewissermaßen voraus. An ihnen kann ich ablesen, dass ich alt bin, aber ich glaube ihrer Botschaft nicht. Von Zeit zu Zeit klopft das Alter an und will mich beugen, doch gehe ich dann besonders aufrecht, obwohl mir vielleicht gerade nach ›gebeugt‹ zumute ist. Manchmal bewege ich mich auch – die Betäubung weicht für kurze Zeit – extra krumm. Eine Art Probehandeln, ich versuche zu spüren, wie es sein würde, wenn ich einmal wirklich alt wäre. Ich flaniere dann, denke ich, auf dem Seniorenlaufsteg. Ein Catwalk für Auslaufmodelle.

Kürzlich ging ich am Rande eines unbeleuchteten Grabens, es war dunkel, meine Schritte waren wohl etwas unsicher, da ergriff eine jüngere Kollegin meinen Arm, um mich schützend durch die unübersichtliche Situation zu geleiten. Ich habe mich leise abwehrend entzogen. Brauch' ich das schon? Geht es los? Ich dachte an Henry David Thoreau, der im 19. Jahrhundert allein in den Wäldern Kanadas lebte und gesagt hat: »Wüsste ich gewiss, dass jemand zu mir käme, mit der bewussten Absicht, mir eine Wohltat zu erweisen, ich würde davonlaufen, so schnell mich meine Füße tragen wollten … aus Angst, er könne mir etwas von seinem Guten antun.«[1]

Da ist ja ohnehin ein Begleiter im Alter, der irgendwann auftaucht und dann dauerhaft neben einem hergeht und nicht mehr verschwinden will. Ein Gespenst im T-Shirt, auf dem die Schreckmitteilung prangt: »Jetzt geht es los!« Ja, wann schlägt das Alter zu? Heute? Morgen? Da sind die Namen, die ich plötzlich vergesse. Oder: Ich höre von jemandem, der morgens aufwacht und am Auge eine Ausbeulung feststellt. Einige Wochen später ist er tot. Was wird mich hinfällig machen? Was lauert mir hinter der nächsten Ecke auf? Und dann erinnere ich mich zur Aufmunterung an die Nachricht vom 92-jährigen Inder, der jetzt beschlossen hat, seinen letzten Marathon zu laufen. Ein Schwanken zwischen innerer Belustigung und angespannter Hoffnung: Na ja, es kommt ja vielleicht doch noch was? Vielleicht sind wider Erwarten Aufbrüche möglich? Hat nicht Johann Sebastian Bach seine wichtigsten Werke als Uralter geschrieben? Sind nicht Verdis Spätwerke *(Falstaff!)* die ergreifendsten? Sieht man nicht den greisen Michelangelo schöne junge Knaben aus dem Marmor schlagen? Schon vor vielen Jahren, als ich noch jung war, hat mich dieses Bild tief berührt: Der alte, sehr alte und fast blinde Ernst Bloch liegt auf einer Wiese und der junge Rudi Dutschke neben ihm, die beiden ins Gespräch vertieft. Das Alter kann offenbar mit dem Neuen, dem Jungen, dem Überraschenden verbunden sein. Aber man ist ja nicht Bach oder Verdi oder Bloch …

»Was ich bereue?«, fragt der alt gewordene Schriftsteller Hermann Peter Piwitt. »Dass ich ständig verliebt war, ohne das Zeug dazu zu haben? … Ich habe einige unglücklich gemacht und dafür selbst mächtig an die Backen gekriegt. So, wie es sich gehörte … Ich brauchte fast zwei Jahre, eh ich begriff, warum die Mädchen nicht mehr zurückguckten. Sie strichen nicht mehr ihr Haar hinter die Ohren oder ordneten es oder verwuselten es ein bisschen im Vorübergehen. Sie schwebten einfach vorbei, die kleinen Rotzlöffel, an dem Mann, dem doch nichts fehlte, als dass er sein schönes blondes Haar verloren hatte: aber sonst tipptopp.«[2]

Ich frage mich, ob es früher leichter war, den Verfall des Körpers, den das Alter mit sich bringt, zu ertragen. Gehe ich durch einen Bahnhofskiosk, wo jede noch so fade Fernsehprogrammzeitschrift einen mit Jugendlichkeit überschüttet, ist man mit seinen Falten eigentlich schon eine Missgeburt. War das – sagen wir mal: für Cicero – auch eine so allgegenwärtige Provokation, obwohl ihn nicht unablässig vervielfältigte Blondchen anglotzten? Wahrscheinlich ja. Er zitiert in seinem großen Werk *De senectute* (Über das Alter) die Klage des Anakreon:

> Grau sind schon meine Schläfen und weiß das Haar
>   am Kopfe,
> fort ist der Reiz der Jugend, es wackeln meine Zähne.
> Vom süßen Leben bleibt mir nicht mehr viel Zeit
>   noch übrig.
> Deswegen muß ich jammern, es graut mir vor dem
>   Hades –
> Das ist ein garstiger Winkel, und schlüpfrig ist der
>   Abstieg,
> und ist man einmal drunten, dann gibt es kein
>   Zurück mehr.[3]

Der Altersschmerz war wohl ähnlich präsent. Aber vielleicht zieht das mediale Blondchenfeuer uns auf eine nur noch physische Verkrampfung herunter – was das Altwerden zu einer primitiven Verteidigungsschlacht macht, die von vornherein verloren ist. Je mehr wir auf das äußere Erscheinungsbild des Altwerdens festgelegt sind und damit auf das »Nicht mehr«, desto schwieriger wird es, sich auf die Innenlage zu besinnen. Verleugnung des Alters und nicht Akzeptanz möchte in den Vordergrund treten. Das Innenleben sklerosiert: Mir kommt es so vor, als wenn das innere Tunnelsystem, in dem ich nach der Bedeutung und den Folgen des Altwerdens suchen müsste, völlig von Ablagerungen verstopft ist. Wie bei den Arterien, die mit dem Herzen verbunden sind, so sind heute die Zugänge zum Tunnelsystem der Gefühle in uns verstopft. Und während man vielleicht versucht, in sich zu graben und zu wühlen, um etwas davon zu begreifen, was es heißt: alt werden, kommt bestimmt jemand und spricht von »Altern in Würde«, was bei mir zunächst einmal die Assoziation Rollator, beigefarbene Mütze, Essen auf Rädern oder *Apothekenrundschau* auslöst.

Ich erinnere mich an zwei Begegnungen mit Menschen, die sich selbst zum Aushängeschild einer Pseudojugendlichkeit haben machen lassen. Ein Schauspieler, mit dem ich in einer Talkshow saß, Mitte fünfzig, glattes Gesicht. Er hatte auch gleich sein eigenes Buch zum Thema Lifting zur Hand, das er unablässig anpries. Ich schaute ihn an und dachte: Ja, man kann sich die Demenz, die Erinnerungslosigkeit, auch ins Gesicht operieren lassen. Das gelebte Leben war erfolgreich aus dem Gesicht entfernt worden. Irgendjemand hat mal gesagt: Ab dreißig ist jeder für sein Gesicht verantwortlich. Wenn das wahr ist, ist das Lifting ja auch eine Antwort. Das Gesicht wird gewissermaßen an das Illustriertencover angepasst.

Es geht übrigens nicht um die sogenannte Natürlichkeit. Der spanische Regisseur Pedro Almodóvar lässt in seinem Film *Alles über meine Mutter* die transsexuelle Sekretärin Lena vor die Bühne treten und eine Rede über Authentizität halten. Im Grunde sei gerade das Falsche an ihr (die Brüste, das Lifting) authentisch, weil sie endlich die geworden sei, die sie sein wolle.

Die andere Person war eine Frau, mit der ich in einem Café in Windhuk, Namibia, saß. Goldene Ringe, goldene Ketten, blondes Haar, braune Haut, weißes T-Shirt. Irgendwann wurde mir der Grund meiner Irritation bewusst: Die straffe Haut im Gesicht kontrastierte mit den faltigen Händen, die diesem alterslosen Gesicht weit vorausgeeilt waren. Irgendwie passten die rassistischen Sprüche, die sie über ihre schwarzen Angestellten absonderte, zu dieser Pseudoattraktivität, einer vorgespiegelten, operativen Jugendlichkeit, einer leblosen Oberflächlichkeit, die doch mehr aus trauriger Konkurrenz als in lebendiger Anziehungskraft bestand.

Eine solche kostspielige Oberflächenbehandlung erlaubt es dann auch, die inneren Faltenlandschaften zu ignorieren. Äußerlich chirurgisch geglättet, lässt sich verbergen, dass innerlich der Schrecken des Altwerdens in einer Gletscherlandschaft eingefroren ist und zum Schweigen gebracht wurde.

Am anderen Ende, in Opposition zur Lifting-Fraktion, stehen diejenigen, die sagen: »Ich bin stolz auf jede

Falte in meinem Gesicht.« Das ist natürlich auch ein Schmarrn. Welche dieser Falten spricht von Gier, welche von enttäuschter Liebe, welche von Schuld, welche von unerhörten Glückserfahrungen, welche von bitteren Niederlagen? Wenn das Gesicht und seine Falten etwas erzählen vom gelebten Leben, dann eine zwiespältige Geschichte. Zu der kann man vielleicht sagen: *Es ist, wie es ist.* Aber: *Ich bin stolz auf jede Falte in meinem Gesicht?* Nein, das ist Unsinn oder Arroganz …

Wie macht man das heute? Wie geht das: *In Würde altern?* Sicher ist es mit dem Altwerden nicht mehr so wie zu den Zeiten meiner Großmutter. Die saß mit ihrem dünn gewordenen, zum Knoten gebundenen weißen Haar in der Sofaecke. Schwarzes Kleid, eine weiße, gestärkte Schleife. Sie strickte, sie flickte Socken, sie schälte Kartoffeln und wünschte sich von ihren Enkeln ein Gummiband für ihr Brillenetui, das nicht mehr schloss. Das wurde von uns aus einem alten Fahrradschlauch geschnitten. Sie lebte ganz selbstverständlich mit ihrer Tochter und deren Familie zusammen und starb auch in ihrem Bett aus weißen Metallrohren. Eine eher düstere Lampe hing von der Decke, die am Rand Troddeln hatte und das Zimmer spärlich beleuchtete. Sie half, sie war da und hatte – wenn ich mich richtig erinnere – keine Ansprüche, sie war zufrieden. Das Wort *würdig* hätte sie für sich wohl nicht in Anspruch genommen. Respekt hatten wir vor dem strengen Großvater aus der anderen, der väterlichen Familie, der aussah wie Wilhelm II., ein verarmter, gescheiterter, starrsinniger Potentat, der am Schluss auf keinem Thron mehr saß, sondern in einem elenden Heim, dessen Kälte durch einen kleinen Kanonenofen kaum gemildert wurde. Dort fristete er seine alten Tage, angewiesen darauf, dass die Enkel ihm in einem Wehrmachtsgeschirr die Suppe brachten. Eine Versorgung gab es in diesem traurigen Haus nicht. Ich erinnere mich an kalten Zigarrenrauch, einen abgeschabten Anzug mit Weste, die Kette der Taschenuhr und eine schnarrend-brüchige Stimme. Der Respekt vor ihm entstand eher aus dem Aufeinandertreffen von Unnahbarkeit seinerseits und Angst meinerseits.

In Würde altern: Ich habe den Verdacht, das ist eine Abschiebeformel unserer Leistungsgesellschaft, die sich beim Versuch, die Alten irgendwie unschädlich zu machen, ins Fäustchen lacht: »Such, Bello, such!«, sagt man zum Hund, der das Stöckchen herbeibringen soll. »Geh und altere in Würde!«, sagt man jenen, von denen man in Wirklichkeit nichts mehr erwartet. Altern in Würde: Damit ist man schon fast in der Friedhofskapelle.

Die Gesellschaft zwingt den Alten unablässig ihren Maßstab auf, der ihnen das »Nicht mehr!« vor Augen führt und einhämmert. Die Areale des Alters, die nicht vom Leistungsdruck, vom »Nicht mehr«, kolonisiert sind, müssen der Leistungsgesellschaft erst noch abgerungen werden. Gibt es ein Leben im Alter, das sich nicht an der Frage misst, ob man den gesetzten Normen und Ansprüchen noch einigermaßen entspricht? Es steht so etwas an wie die Suche nach einer neuen Souveränität des Alters.

Die Leugnung des Alters ist das Naheliegende. »Man ist so alt, wie man sich fühlt«, sagt der 1937 geborene amerikanische Filmschauspieler Morgan Freeman. Was natürlich eine viel zitierte Banalität ist. »Alter ist willkürlich. Auf dem Golfplatz komme ich mir an manchen Tagen vor wie 90, an anderen wieder wie 50.«[4] Wahrscheinlich ist der alte Mann, der auf dem Frankfurter Hauptbahnhof an mir vorbeischlurft und die stählernen Müllbehälter nach Pfandflaschen durchsucht, nicht ganz davon überzeugt, dass Alter »willkürlich« ist. Für ihn ist das Alter wahrscheinlich eher eine schwierige Wegstrecke. Robert de Niro, im Altmänner-Gespräch mit Morgan Freeman, ergänzt: »Wir wissen nicht, was die Zukunft bringt. Deshalb stelle ich mir nur das Beste vor.«[5] Wenn er die Todesanzeige von jemandem lese, dessen Zeit noch nicht gekommen sei, denke er: »Wow, der war so jung! Wir haben schon Glück, noch hier zu sein.« Wahrscheinlich kann man sagen, dass das alte *Memento mori* – »Gedenke, dass du sterben musst!« – heute einer Parole gewichen ist, die sich verdächtig nach »Optimismus bis zuletzt!« anhört. Vom Memento mori zum »Think positive!« ist es ein weiter Weg. Aber wer spricht über die Anstrengung und die Mühe, die es kostet, das unvermeidliche Alter und das absehbare Ende unter einem optimistischen Dauergrinsen zu verbergen? Welche Erkenntnisse, Einsichten, Vertiefungen gehen verloren, wenn das Alter weggegrinst wird?

»Vorbei! Ein dummes Wort. Warum vorbei?«[6], sagt beruhigend und zugleich tückisch Mephistopheles zu Faust. Nur nicht nachdenken, nicht stehen bleiben. Das ist ein Plädoyer für die Besinnungslosigkeit, die auch das Alter in der Leistungsgesellschaft markiert. Weiter, schnell weiter, bis man – zu spät – wahrnimmt, dass die Zeit verflogen ist und sich plötzlich der Abgrund des Nichts vor einem auftut. Wenn es für ein Innehalten zu spät ist.

Was tun zwischen dieser doppelten Unmöglichkeit? Der verschwundenen wilhelminischen Altrigkeit, die für uns kein denkbares Gewand mehr ist, und der angestrengten und dennoch scheiternden Fesselung an den Jugendlichkeitswahn? Den Alten bei uns geht es finanziell im Großen und Ganzen gut, und sie werden im Allgemeinen sehr alt – aber die Frage, wie man das Alter absolvieren soll: würdig, lustig, gelassen, aktiv, engagiert, sportlich, mürrisch, resigniert …, das kann einem keiner sagen. Und gibt es denn überhaupt eine Wahl, oder absolviert man, was im Angebot steht?

Wird im Alter alles weniger – außer dass die Zahl der Falten zunimmt? Wenn die »Würde« doch eher riecht wie ein alter Pelzmantel, der mit Mottenkugeln im Schrank gehangen hat?

Noch ein kreuzunglücklicher Begriff kommt da ange-
schlichen: *die Weisheit des Alters*. Der klingt heute wie
ein dürrer Trost. Wenn alle Attraktivität verflogen ist,
kannst du noch einen auf »weiser Alter« machen. Ich
denke dabei sofort an die berüchtigte weiße Bank unter einer Linde, auf der die Greisin oder der Greis sitzt
und Weisheiten absondert wie die Weinbergschnecke
den Schleim. Diese trauliche Idylle hat ja im Grunde
schon Goethe in *Faust II* abgefackelt. Dort erzählt er
von Philemon und Baucis, die als altes Paar auf ihrem
Hof leben. Den aber begehrt Dr. Faustus, weil er sein
riesiges Areal abrunden möchte. Mephistopheles hört
den Wunsch des Dr. Faust: »So geht und schafft sie mir
zur Seite!« und macht sich auf den Weg. Philemon und
Baucis, die nicht weichen wollen, werden gewaltsam
vertrieben, das Haus verbrannt – und die Alten sterben auf dem Scheiterhaufen, der ihr Haus war: »Das
Paar hat sich nicht viel gequält, vor Schrecken fielen
sie entseelt«, sagt der Teufel beruhigend zu Faust. Der
entfesselte Kapitalismus, den Goethe hier vorausahnt,
fegt jede Nische aus und verschont auch kein Alters-
idyll. Goethe ahnt damit ebenso die gegenwärtige Situation der Alten voraus, die vor die Wahl gestellt sind,
sich entweder als mobilisierungsfähig zu erweisen (der
Leistungsgesellschaft adäquat) oder zum Untergang
verurteilt zu sein – als Pflegefall in irgendeinem »Ro-
senhof« untergebracht oder im Demenzdorf oder in der
geriatrischen Abteilung.

Wenn die Alten heute realistisch sind, dann wissen sie, dass ihre Kenntnisse, ihre Kompetenzen, ihre Erfahrungen nichts mehr zählen. Die Leistungsgesellschaft ist schnell, baut jeden Tag neue Sandburgen, die am nächsten Tag zerstört werden, um dem Neuen zu weichen. Es ist eine fundamentale Ruhelosigkeit, die Alte vor die Wahl stellt, mitzumachen oder auszuscheiden. Es kann eigentlich nicht verwundern, dass die Zahl der Alten, die tablettensüchtig ist, suizidal, depressiv oder dement, wächst. Die Leistungsgesellschaft gebiert nicht den würdevollen Greis, sondern den, dem die Schmach des zunehmenden »Nicht mehr« vor Augen geführt wird. Eine Schmach, die keine Würde ist, sondern ein Defizit bewusst macht.

Die Alten genießen viel mediale Aufmerksamkeit. Aber es wird ihnen fast täglich ein neues Konzept übergestülpt: Mal sollen sie *erfolgreich altern*, dann wieder ihren Ruhestand genießen. Nur manchmal rutscht einem Sozialpolitiker oder einem Journalisten auch so etwas Garstiges wie »Alterslast« oder »Seniorenlawine« heraus. Aber wenn man hinhört, dann sind die Alten irgendwie doch vor allem ein demografischer Brei, der sich in die Gesellschaft ergießt und in all ihre Kapillargefäße, in Straßen und Gassen, auf Plätze und in Apartments eindringt. Fast wie im Märchen, in dem das hungernde Mädchen von der alten Frau einen Topf geschenkt bekommt, zu dem sie nur sagen muss: »Töpfchen, koch«, dann füllt er sich mit Brei. Mit »Töpfchen, steh« beendet

sie die Produktion von Brei. Die Mutter hat das vergessen, und so quillt der Brei aus dem Topf in das Haus, in
die ganze Stadt …

Und diese breiige Masse der Alten muss irgendwie
gemanagt werden. Das Gesicht des Einzelnen verschwindet in den politischen und sozialen Konzepten
zur Regelung dieses demografischen Phänomens, das
in den Rentenkassen, den Gesundheitsbudgets und in
problematischen Wohnquartieren seine Spuren hinterlässt. Die gegenwärtige »Gesellschaft« – so hat es Peter Sloterdijk beschrieben – ist gar keine Gesellschaft
mehr, sondern eher eine Population mit individualistischen Tendenzen.[7] Ein Brei eben. Ich denke da an ein
Bild, wie es sich in Rimini oder auf Lanzarote im Sommer am Strand bietet: Tausende soldatisch ausgerichte-
te Sonnenliegen, dem Meer zugewandt, die Menschen
mit sich und ihrer Braunfärbung befasst. Sie sind zusammen, aber jeder ist doch für sich. Es ist ein Bild,
in dem die Lockerung aller Kollektive, aller Gemein-
schaftlichkeiten spürbar wird, in denen die Menschen
– und speziell die Alten – einmal zusammengewirkt,
gestritten, geliebt, gearbeitet und gefeiert haben. In
diesen sozialen Milieus – in Familien, Nachbarschaften, Quartieren, in Vereinen, Parteien, Gewerkschaften – gab es einen »Absolutismus des Gemeinsamen«
(Peter Sloterdijk): Die Interessen des Einzelnen waren
um des gemeinsamen Überlebens willen beschnitten.
An die Stelle ist nun das Einzelwesen getreten, das sich
als eine absolute Größe versteht. Das wird immer dann

besonders deutlich, wenn in öffentlichen Debatten der Verlust von Werten und Normen beklagt wird. Als wären das Accessoires des Subjektes, die irgendwie in irgendeiner Schublade liegen geblieben und vergessen worden sind. Vom stabilisierenden Gemeinschaftskern waren die Einzelnen einmal abhängig, und jetzt ist es umgekehrt: Das Subjekt steht im Zentrum, die Werte und Normen sind zu Ausstattungsstücken degeneriert. Es ist erstaunlich, dass eine solche lockere Ansammlung von Individuen überhaupt existieren kann, in der die Subjekte eigentlich nur noch sich selber für real halten, während das Gemeinsame zu etwas überflüssig Dekorativem geworden ist.

Peter Sloterdijk wundert sich darüber, dass eine solche Integration individualistischer Populationen in riesenhaften Großkörpern überhaupt gelingt.[8] Er meint, dass dieses Gebilde, das kaum noch den Namen Gesellschaft verdient, zunehmend von Unhaltbarkeitsgefühlen unterwandert wird. Mit Blick auf die Alten könnte man tatsächlich den Eindruck gewinnen, dass das Einzige, was sie noch als soziale Wesen auszeichnet, ihre Abhängigkeit von Sorgesystemen ist (sind sie Bürgerinnen und Bürger vor allem und nur noch, weil sie die Partikel eines Sicherheitsstaates sind, der sie mit Dienstleistungen versorgt?).

Die Alten sind da Täter und Opfer zugleich: Gefesselt an die Galeere der Selbstverwirklichung, zappen sie sich durch einige Hundert Fernsehprogramme, werden von Supermärkten und Reiseveranstaltern versorgt und sind in der Gefahr, vollständig entpolitisierte (von der Polis abgelöste) Konsumenten zu werden. In eine parasitäre Existenz gezwungen, in der sich wohlzufühlen sie gelernt haben. Sie sind Nutznießer und Unterworfene einer degenerierten Gesellschaftsform, die im Wesentlichen darauf beruht, dass niemand den anderen braucht.

Die Alten sind so einerseits die virtuell Aussätzigen dieser Gesellschaft – diejenigen, die nun wirklich nicht gebraucht werden, sondern verbrauchen. In ihnen kulminiert andererseits zugleich das Partikelhafte des modernen Gesellschaftsbewohners: Er widmet sein Leben sich selbst, braucht niemanden, sondern kauft sich, was er benötigt – ob es Waren oder Dienstleistungen sind. Die Leistungsgesellschaft hat in den Alten die Figur des vollständig Überflüssigen geschaffen, in der gleichzeitig der Bewohner der Leistungsgesellschaft seine heimliche Apotheose, seine Vergöttlichung, erfährt – die Verwirklichung eines demografischen Orgasmus: das auf niemanden angewiesene Objekt, das im Wesentlichen in der Sammelwut für Jahre, Erlebnisse, konsumistische Exzesse aufgeht – und dabei doch nichts anderes ist als ein armes Schwein.

Das Alter ist eine Aufgabe. Und das heißt auch: Das Alter hat etwas mit *Aufgeben* zu tun. Aber das muss nicht der

Weg in ein tristes »Immer schlechter« sein. Es gibt Phasen des Altwerdens, die Verdichtung mit sich bringen können. Vielleicht kann man manche Musik erst nach einem langen Leben richtig hören? Vielleicht sagt ein Bild, das ich oft angeschaut habe, jetzt im Alter plötzlich etwas zu mir, was es das ganze Leben davor verschwiegen hat?

Das Alter ist eine Chance. Es bietet die Möglichkeit zur Flucht aus der Oberflächlichkeit. Wir sollen zwar ständig verlockt werden, auch das Alter noch als eine Wachstumsangelegenheit zu begreifen: das noch, dies noch, jenes noch. Haben, haben, haben. Das Risiko, dem *Haben* den Vorzug vor dem *Sein* zu geben, ist im Alter besonders hoch, weil das Raffen dazu verhilft, den Blick darauf zu verstellen, dass es jetzt endlich, endlich, spätestens jetzt, um Intensität und nicht um das Mehr geht. »Was man *nicht* hat, braucht keinen Raum, was man *nicht* hat, kann *nicht* geklaut werden, was man *nicht* hat, braucht man *nicht* umzuziehen, was man *nicht* hat, kostet nichts.« So sagt es Harald Welzer.[9] Eine exzellente Devise für das Alter. Lassen, loslassen, aufgeben ist – so hat es der Mystiker Meister Eckhart schon Jahrhunderte zuvor gesagt – die Voraussetzung für *Gelassen*heit.

Aufgeben schafft Freiheit. Schärfer noch: Ist es vielleicht die *Leere*, die zur Voraussetzung für ein erfülltes Alter wird? Wir kennen das Bild von Laokoon, der mit den Schlangen ringt. So geht es mit dem Alter. Die

Lockungen der Konsumgesellschaft, die Ablenkungen, die Verlockungen umschlingen uns wie die Schlangen den Laokoon. Ein erfülltes Alter wäre ein »leeres«, eines, in dem Raum geschaffen ist für das Sein statt für das Haben, ein Innenraum, in dem die Dinge und Erlebnisse nicht lärmend herumtoben: Die Betäubung, die dem Alter heute droht, lässt sich nur aufheben, wenn ein Auszug gewagt wird aus der sich unablässig kumulierenden Fülle in die Wüste, in die Leere, in der man den Dämonen und den Göttern begegnen kann und vor allem sich selbst …

KAPITEL 2

Endlich frei im Dauerstress

Alt sein in der Leistungsgesellschaft

Im New Yorker Stadtteil Queens gibt es eine McDonald's-Filiale, um die kürzlich ein Streit entbrannt ist. Eine Gruppe älterer Koreaner trifft sich dort regelmäßig, um Kaffee zu trinken. Das tun sie dann stundenlang und scheren sich nicht um das aufgestellte Schild, welches die Gäste auffordert, ihre Speisen zu verzehren und binnen zwanzig Minuten das Restaurant zu verlassen. Ein 76-jähriger Koreaner erläutert, er wolle nicht in das nahe koreanische Gemeindezentrum gehen, da fühle er sich alt. Die Geschäftsleitung hat schon mehrfach die Polizei gerufen, weil der Umsatz leidet.

In Lindau werde ich Zeuge eines Einfalls von Wolfskin-Senioren. Von einer Wanderung zurück, lässt sich die Gruppe an einem Restauranttisch im Freien nieder. Als es anfängt zu tröpfeln, okkupiert die Gruppe geschwind den einzigen freien großen Tisch im Inneren und verlangt von der gehetzten Bedienung, einer jungen Frau, wahrscheinlich Studentin, dass Getränke und Gerichte umgehend hineingetragen werden.

In beiden Fällen ein Clash der Kulturen: Die beschleunigte Leistungsgesellschaft ist in der Burger-Filiale mit den störrischen alten Koreanern konfrontiert, die ihren Minikonsum und ihren ruhigen Lebensrhythmus genießen wollen. Die in regensicheres Wanderoutfit gekleideten Seniorinnen und Senioren hingegen scheuchen die junge Bedienung im vollen Bewusstsein ihrer Konsumentenmacht und in der Erwartung, dass die Leistungsgesellschaft zu ihren Gunsten funktionieren werde. An diesem Ort, an dem sich vor allem finanziell gut ausgestattete Alte von eher schlecht bezahlten jungen Leuten bedienen, fahren, massieren, rehabilitieren, beraten, kurieren und im Zweifelsfall eines Tages auch pflegen, schieben, windeln und füttern lassen, scheint es für einen Augenblick, als seien die Senioren die Profiteure der Leistungsgesellschaft.

Es ist nicht so ganz klar, wie es den Alten in der Leistungsgesellschaft geht. Sind sie Opfer? Oder Gewinner? Sind sie beides? Sind sie erst Gewinner (als gutsituierte junge Alte) und dann Opfer (als Hinfällige und ihrer Autonomie verlustig gegangene Objekte von Dienstleistungen)?

Alter spielt heute auf einer Bühne, auf der gerade die Kulissen gewechselt werden. Viele der Alten kommen noch aus der Disziplinargesellschaft, sind im Schatten des Wilhelminismus und des Nationalsozialismus aufgewachsen. Familie, Beruf, Nachbarschaft, Milieus (Parteien, Kirchen, Gewerkschaften) waren stabile Möblierungen des Lebens, keineswegs immer harmonisch und glücksbringend, aber stabil. Diese Disziplinargesellschaft mit ihren Werten, festen Orientierungen und ehernen Stabilitäten wird abgeräumt und weicht einer flexiblen Leistungsgesellschaft, in der nahezu nichts mehr von dem gilt, was sie, die Alten, einmal gelernt haben. Ihre Kinder haben keinen Beruf, sondern Jobs, die Nachkommen leben hochmobil, in eher fragilen Beziehungen – und im Zweifelsfall allein. Das bleibt für die Alten keine fremde Welt, längst greift die Leistungsgesellschaft auch nach ihnen: Weggeweht sind die sozialen Milieus, die Familien, die Traditionen. Die Kirche und die Partei spielen auch bei ihnen kaum noch eine Rolle, allenfalls aus Fitnessgründen der Sportverein. Alt sein heißt vor allem: allein sein. Je älter, desto häufiger. Und weil die vielen singularisierten Partikel in keine Familie oder Nachbarschaft eingebunden sind, wartet bei Verschlechterung des Gesundheitszustandes auf sie die Institution, das Pflegeheim, das betreute Wohnen oder der ambulante Pflegedienst, am Ende schließlich das Hospiz oder die Palliativstation.

Um die Alten herum rauscht die neue Lebenswelt, die gekennzeichnet ist durch Beschleunigung, Innovation, Ortswechsel. Sie können mit ihren Kindern telefonieren, selbst wenn die in Kapstadt Ferien machen oder in Seattle arbeiten. Aber sie sind nicht da, und sie wissen, dass sie die Früchte ihrer Sorge für die Kinder nicht ernten werden. Die werden nicht kommen, wenn sie gebraucht werden. Was diesen Generationen an Umbruch, Verlust und Neuerung zugemutet wird, ist riesenhaft; und manchmal fragt man sich, ob die steigende Zahl von Suiziden, von Demenzen und Depressionen, von Alkoholismus und Tablettensucht bei Alten nicht eine sehr nachvollziehbare Reaktion auf etwas ist, was nicht mehr ertragen wird. Wieso sollte man nicht verrückt werden, wenn man sich nach einer Operation – der heimischen Umgebung beraubt – plötzlich in einem Pflegebett wiederfindet? Hat man nicht gestern noch im Garten Unkraut gejätet, das Trimm-dich-Fahrrad getreten und den Blutdruck gemessen: Werte normal?

Die Babyboomer sehen, was auf sie zukommt. Erst fällt ihnen die Sorge um die pflegebedürftigen Eltern zu, und dann haben sie den eigenen Lebensabend vor Augen: Fast niemand will sich mit dem absehbaren Schicksal abfinden, allein (bestenfalls noch mit dem Ehepartner) in der zu groß gewordenen Immobilie seine Tage zu fristen und auf das Heim zu warten. Die Suche nach neuen Lebensformen und Lebensmodellen hat begonnen. Das wird nicht leicht sein, aber man darf den Spruch Hölderlins zitieren und variieren: Wo die Gefahr wächst, holt auch das Rettende Atem. Es mag sich zwar der Trend zu noch mehr Einsamkeit und zum

Alleinsein verstärken: Ein Drittel aller Wohnungen in Deutschland sind Single-Wohnungen, wird im Zensus von 2011 mitgeteilt. Davon wiederum sind ein Drittel Rentnerhaushalte.[10] Das heißt: Die Alten wohnen immer häufiger allein. Vorgeblich aus freien Stücken, ist es doch oft nur die klägliche Ausweglosigkeit. Zugleich wächst die Sehnsucht nach anderen Lebensformen, und die Suche nach Alternativen nimmt Gestalt an. Das müssen ja nicht alles Alten-WGs werden. Generationenübergreifendes Wohnen, neue Nachbarschaftlichkeit im Quartier – das Nachdenken und Planen hat da erst begonnen. Es wird Scheitern und Gelingen mit sich bringen. Die Familie, wie wir sie kennen, ist auch nicht über Nacht entstanden. Neue Sozialformen brauchen Zeit. Aber sie werden kommen.

Die Leistungsgesellschaft hat die alten Lebensformen beseitigt, doch schafft sie eben auch Freiräume für neue Experimente. Die allerdings können dann durchaus im Widerspruch zu den Imperativen der Leistungsgesellschaft stehen. Merkwürdigerweise fängt das bei den Jüngeren an, nicht bei den Alten, die sich eher brav an die Leistungsgesellschaft anpassen. Die Zahl der Jüngeren, die nicht mehr nur dem Erfolg, dem Geld, der Arbeit verhaftet sein wollen, wächst. Und gerade aus diesen neuen kritischen Milieus wird sich auch die Frage nach anderen Formen des Lebens im Alter und mit den Alten entwickeln. Da begnügt man sich nicht mit dem Einkauf im Bioladen, dem Lesen des Greenpeace-

Magazins und der Spende für Amnesty International. Man will auch anders alt werden.

Das wird vor allem auch die Frage, was das denn überhaupt ist, Altwerden, Altern, Alter, neu auf den Tisch bringen. Eine leistungsorientierte Gesellschaft hat naturgemäß zunächst eine Affinität zur Jugend. Das Alter ist eigentlich eher ein Störfall, besonders wenn es so zahlreich wird wie gegenwärtig. Es ist kein Klischee, sondern zumindest eine Teilwahrheit, dass das Alter in der Zwangsjacke der Jugendlichkeit steckt. Die alten Lebensrhythmen, die dem Alter eine ruhige Respektecke zugestanden, sind mit dem Verschwinden der Disziplinargesellschaft untergegangen. Die Rede vom erfolgreichen Altern, vom Unruhestand etc. versucht, die Illusion zu befördern, es könne auch im Alter im Wesentlichen alles so bleiben, wie es war. Der 80-Jährige auf dem Surfbrett ist das heimliche Idol, aber doch auch ein Stresselement und eine Lüge. Beginnen muss ein Nachdenken über das Alter, das sich aus dem Wettlauf um Jugendlichkeit befreit und sein eigenes Profil zu entwickeln versucht. Kann es ein würdiges Altern in einer nur mehr leistungsorientierten Gesellschaft geben, oder wird das Alter immer mehr ein Kampf gegen die unübersehbar wachsenden Defizite sein müssen? An den Imperativen der Leistungswächter können sich die Alten zwar orientieren und messen, aber sie sind zum Scheitern verurteilt. Deswegen sollte der Widerspruch gegen den Druck verlockend sein.

Es ist eine versteckte Apartheid: Im Restaurant sitzen sie Tisch an Tisch und essen die gleiche Pizza, aber außer ihrem Wohlstand haben die Alten nichts vorzuweisen, sie sind die Loser und sind als solche, die keine Leistung erbringen, immer auch die Leprösen der Leistungsgesellschaft.

Menschen, die alt geworden waren, fanden ehemals Lebensmuster vor, in die sie sich willig oder widerwillig einfügen mussten. Wir haben uns davon befreit, und die Folge ist: eine große Freiheit und eine große Irritation. Es gibt in gewisser Weise gar kein Alter mehr, weil die traditionellen Begleitumstände verschwunden sind. Es gibt zwar noch das graue Haar und die Falten, aber ich kann mir eine Jeans kaufen, die auch der 20-Jährige trägt, kann in dem italienischen Restaurant sitzen, in dem auch die Jungen essen, ich kann bei Ikea shoppen wie sie – und im Internet surfen wir auch nebeneinander. Wir werden gleicher, immer gleicher, aber für die zukunftslosen Alten wird es im gleichen Takt schwieriger: Sie haben das Kapital verloren, das sie einmal hatten: Ihr Erfahrungsvorsprung zählt für niemanden, ihre Kenntnisse aus dem Berufsleben kann ganz offensichtlich niemand gebrauchen.

Die Beschleunigungs- und Innovationsgesellschaft, in der wir leben, hält den Alten unablässig vor Augen, dass ihr Wissen und ihre Erfahrung überholt sind und niemandem mehr etwas bringen. In traditionalen Gesellschaften waren die Alten wichtig: Sie wussten etwas über die Geschichte des Dorfes, über den Umgang mit Saatgut und Unkraut, über die Frage, wann es erfahrungsgemäß regnet und so weiter. Der Respekt und die Würde des Alters hatten gute Gründe.

Nun leben die Alten in einer Freizeitgesellschaft, in einer Dienstleistungsgesellschaft, nur leider begreifen sie allenfalls bei unnachsichtigem Nachdenken, dass sie als soziale Wesen, die etwas mitzuteilen hätten, nicht gefragt sind. Der Alte, auch der junge Alte, ist kein DU, sondern ein Versorgter. Noch nie hat eine Gesellschaft das Alter in toto zu einem Versorgungsprojekt gemacht. Die jüngeren Alten werden mit Hilfe einer Beschäftigungsindustrie ruhig gestellt, die alten Alten werden in einer Versorgungsmaschine unsichtbar gemacht. (In der Pflege sind heute mehr Menschen beschäftigt als in der Automobilindustrie.) In beiden Fällen werden alte Menschen im Wesentlichen auf eine Existenz als *homines consumentes* reduziert. Das Management der Alten ist – wie kürzlich der Präsident des Verbandes der Altenheimleiter sagte – die größte Wachstumsbranche Deutschlands.

Die Alten, die in vielen Gesellschaften respektiert waren (nicht wegen ihrer grauen Haare, sondern weil sie wichtig waren), sind heute also in erster Linie ein riesiges Konglomerat von Versorgungsfällen, oder sie sind auf dem Weg dahin. Sie sind in Gefahr, als Subjekte gar nicht mehr vorzukommen, als Personen, die gesellschaftlich eine Bedeutung haben – außer dass sie Ressourcen für eine Jobmaschine mit dem Namen »Altenpflege« sind und gewaltige Umsätze in der Dienstleistungsbranche generieren.

Das Versorgungsmodell ist ein Wachstumsmodell, das – wie alle Wachstumsmodelle – immer schneller an seine finanziellen, sozialen und kulturellen Grenzen stoßen wird. Ganz abgesehen davon, dass eine ernsthafte ökonomische Krise in Deutschland (wie sie Südeuropa gerade erlebt) dieses komplexe, teure und entmündigende Modell sofort zum Zusammenbruch bringen würde.

Vor diesem Hintergrund stellen sich verschiedene Fragen:

- Wie wirkt sich diese Entwicklung eigentlich auf das Verhältnis der Generationen aus? Spaltet sich die Gesellschaft (ironisch zugespitzt) in die Jungen, die versorgen, und die Alten, die versorgt werden?
- Wieso sind eigentlich die vielen Alten, die *nicht* versorgungsbedürftig sind, ganz aus der Diskussion verschwunden? Es ist ja nicht nur eine Minderheit, die auch in hohem Alter gut lebt. Von denen ist nicht die Rede.
- Gibt es auf die Nöte des Alters nur die Antwort: Dienstleistungen? Oder brauchen wir einen Umbau der Gesellschaft, der die *konvivialen* Potenziale neu

erfindet: die Wiedererwärmung der Gesellschaft, in der Nachbarschaftlichkeit, Ehrenamtlichkeit, Selbsthilfe dazu führen, dass Alter nicht Einsamkeit, Abhängigkeit und Institutionalisierung bedeuten?

■ Welche Rolle wird die Familie spielen, die ja immer schneller bröckelt und sich aus vielen Gründen der versorgungsbedürftigen Alten entledigt? Nur die des Geldgebers?

■ Wird die Versorgung hilfsbedürftiger Alter schon bald so radikal wie möglich an automatisierte Systeme abgegeben (Ambient Assisted Living)? Das ginge mit Hilfe von Pflegeautomaten, Videokameras etc.: Rundumüberwachung, kostengünstige technische Versorgung. Ist es das, was wir wollen?

■ Was bedeutet es für eine radikal modernisierte, rationale Leistungsgesellschaft, wenn in ihrer Mitte die Zahl der Menschen mit Demenz, also die Zahl der Ver-rückten, wächst und wächst?

■ Was bedeutet es für eine Gesellschaft, die aus individualisierten, autonomen Leistungssubjekten besteht, dass die Ausbreitung der Demenz sie gerade da bedroht, wo sie das Zentrum ihrer Lebensqualität sehen: in ihrer Entscheidungsfähigkeit?

■ Welche Altersbilder bestimmen gegenwärtig die Szene, und wie wird sich das in Zukunft ändern? Wird es notwendig sein und möglich, sich an die *Kunst des Alterns* zu erinnern? Man denke an die großen Vorbilder, die über die Kunst des Lebens bzw. die Kunst des Alterns nachgedacht haben: Seneca, Cicero, Meister

Eckhart ... Welcher Weg führt uns in das Paradies des Alters, in dem es um die Kunst des Alterns und nicht um die Leistungsfähigkeit geht? Eine Kunst, die die Beeinträchtigungen des Alters nicht leugnet, aber die Schönheit des Alters zu erfahren erlaubt?

Welche Rolle spielen die Alten in einer Leistungsgesellschaft, die eigentlich nur dem Erfolgreichen, dem Jugendlichen, dem Konkurrenzfähigen ernsthaft eine Existenzberechtigung zuschreibt? Könnten sie, weil sie keine Leister sind, das notwendige Korrektiv sein? So wie wir wissen, dass wir eine Verlangsamung brauchen, so braucht die Leistungs- und Jugendlichkeitsgesellschaft vielleicht das »Alter«, um nicht die Nerven zu verlieren? Kann das Alter symbolisch und tatsächlich dafür stehen, dass ein anderes Leben möglich ist als eines, das sich in Speed und Stress erschöpft? Es wäre ein schöner Gedanke, wenn es so ein Senioren-Occupy gäbe: Die Alten treten den Neoliberalismus in die Tonne und besetzen die Leistungsgesellschaft mit grauer, aber kraftvoller Gelassenheit. Ein Engagement der Alten, die nicht etwas für sich fordern, sondern ein Geschenk bringen: Lebensnachdenklichkeit.

So ist das mit den Alten hierzulande also eine merkwürdig zwiespältige Angelegenheit: Sie sind die Musterschüler der Leistungsgesellschaft. Sie haben sich eine Rente erarbeitet, sie halten sich fit, sie reisen herum. Sie verkörpern die Leistungsgesellschaft geradezu, und doch geht der Schuss nach hinten los: Sie sind ja keine Drohnen mehr, keine Leistungsträger, insofern ein Fremdkörper. Im Grunde geht es darum, diesen Tatbestand vor der Öffentlichkeit zu verheimlichen. Tanzen die Alten vielleicht wie Rumpelstilzchen nachts im Walde und singen: »Ach wie gut, dass niemand weiß, dass ich Leistungsnichtsnutz heiß?« Und kommt da irgendwann jemand, der sie als Nichtsnutze beim Namen nennt und sie auffliegen lässt? Werden sie sich dann vor Wut zerreißen, oder drehen sie den Spieß um: In uns könnt ihr ein anderes Leben erahnen, das sich dem Leistungsterror nicht unterwirft ...?

- Die Leistungsgesellschaft macht gewohnte Formen des Altwerdens und des Alters hinfällig und stellt die Betroffenen ebenso wie die Gesellschaft vor radikal neue Herausforderungen. Nichts ist mehr so, wie es war.

- Es ist eine Versuchung für die Alten, Mimikry in der Leistungsgesellschaft zu betreiben, damit es nicht auffällt, dass man durch die schiere Existenz den Imperativen der Leistungsgesellschaft widerspricht.

- Das Alter kann sich nur zu einer schönen Angelegenheit entwickeln, wenn die Imperative der Leistungsgesellschaft nicht blind weiterverfolgt werden.

- Die Alten, die jetzt noch brav mithecheln, haben ja eigentlich die Möglichkeit, die Gesellschaft Mores zu lehren. Sie könnten selbstbewusst Kontrapunkte setzen, um die Leistungsgesellschaft zu humanisieren;

sie könnten zum Verzögerungselement werden, das ihre destruktiven Kräfte entschärft.

Die Leistungsgesellschaft tritt den alt Gewordenen ja noch in einer anderen Gestalt gegenüber oder genauer gesagt: Sie macht sie zu Komplizen unseres kapitalistischen Systems. Denn zu keiner Zeit in der Geschichte der Menschheit lebten so viele über 65-Jährige wie heute.[11] Und man kann schwanken, ob das ein Fortschritt ist oder vielleicht auch etwas Unheimliches hat. Die Pensionsfonds der Alten (vor allem aus den USA und Japan) haben einen gefährlich großen Einfluss auf die Börsen und die weltweite Ökonomie. Sie sind, wie es zeitgenössisch verniedlichend heißt, mächtige ›Spieler‹ auf den Finanzmärkten. 20,1 Billionen Dollar haben sie der OECD zufolge im Jahr 2011 verwaltet. Das entspricht 70 Prozent des jährlichen Bruttoinlandsproduktes aller OECD-Mitglieder. Oder etwas anschaulicher: Der japanische Pensionsfonds (Government Pension Investment) spielt mit 1394,9 Milliarden Dollar herum – das Bruttoinlandsprodukt Deutschlands umfasst im Vergleich dazu 3750,6 Milliarden US-Dollar.[12]

Die Manager dieser Pensionsfonds sind auf das Wohl ihrer Pensionäre verpflichtet und haben darum die Zinserträge im Blick und sonst nichts. Die Pensionsfonds sorgen dafür, dass weltweit Menschen arbeitslos werden, weil die Konzernerträge um jeden Preis gesteigert werden müssen und die sozialen Fragen, die damit verbunden sind, nicht interessieren. Shareholder-Value heißt das – und bedeutet, dass die Alten die Jungen weltweit auf die Straße setzen und sich dabei die Hände nicht schmutzig machen müssen. Das ist eine heimliche Gerontokratie, eine Herrschaft der Alten über die Jungen, nun ins Globale gesteigert. Was war das idyllisch, als noch ein Patriarch auf dem Hofe oder im Geschäft die Jungen kleingehalten, sie kujoniert, ihnen die Mitsprache verweigert hat! Die Pensionisten aller Welt können in Florida fischen gehen oder in Tansania auf Fotosafari und haben nichts damit zu schaffen, dass der Zwang zur Ertragssteigerung Millionen den Job kostet. Es gehört zu den üblichen Verstandesverfinsterungen, dass dieser Zusammenhang den meisten Pensionsempfängern unbekannt ist. Unser System erspart den Alten den Blick auf diesen Skandal. Natürlich haben sie (viele jedenfalls) für diese Pension ein Leben lang gearbeitet und wollen nun die Früchte genießen. Aber etwas ist da schiefgelaufen: Die Auszahlung ihrer wohlverdienten Renten und angesparten Lebensversicherungen ist gebunden an eine wachsende Brutalisierung der Ökonomie, sonst funktioniert das nicht. Die Alten aus den reichen Ländern, so kann man sagen, haben das Spiel für sich entschieden. Die Jahre, die jemand am Schreibtisch, im Büro oder auf der Schulbank verbracht hat, bringen nun auf dem Markt Zinsen. Das Alter ist zu einer Form der Kapitalisierung des Lebens geworden.[13]

In Jäger-und-Sammlerinnen-Gesellschaften wurden gebrechliche Alte oft ausgesetzt oder getötet – weil das Überleben der Gruppe, die weiterziehen musste, gefährdet war oder deren Vorräte knapp wurden. Und man sollte nicht denken, dass das kalte Mordakte waren. Die alte zahnlose Frau im frühen Japan, die ihren Sohn bittet, sie auf ein Brett zu setzen und dann auf den verschneiten Berg zu tragen, versucht in einem letzten Akt, ihr Leben für ihre Nachkommen einzusetzen, um sie zu retten.[14] Ein würdiger Greis, der zu nichts mehr imstande war, setzte sich bei den Inuit, den Eskimos, in sein Kanu und verschwand endgültig im eisigen Meer. Bei den Amazonas-Indianern konnte es vorkommen, dass eine alte Frau oder ein alter Mann mit einem Topf Honig im Urwald zurückgelassen wurde, wenn die Nomaden weiterzogen. Wir wissen nicht, wie das war. Kennen nicht den Schmerz, die Angst. Gab es Widerstand? War man sich einig? So wie bei den Jakuten der Sohn dem gebrechlich gewordenen Vater durch die Zeltwand hindurch – einverständig – einen Speer ins Herz stach?

Natürlich kann man sich fragen, ob die Verbringung Hunderttausender Gebrechlicher bei uns in Heime nur eine andere Form der Aussetzung im städtischen Urwald oder auf dem ländlichen Schneeberg ist. Und man kann sich fragen, ob die massenhafte ›terminale‹ Sedierung (die Schmerzbehandlung mit lebensverkürzender Folge) in deutschen Krankenhäusern eigentlich etwas anderes ist als Altentötung.

Die Unterschiede zwischen den Geschlechtern, die seit Urzeiten durch spezifische Arbeitsteilung, manchmal Unterdrückung, gekennzeichnet waren, schwinden. In vielen afrikanischen Kulturen war es nicht möglich, ein Haus zu bauen oder ein Feld zu bestellen, wenn nicht Mann *und* Frau mit ihren unterschiedlichen Kompetenzen zusammenwirkten. Auch bei uns lebten das mittelalterliche »große Haus« und die ländliche Subsistenz aus dieser Differenz: Ein selbstständiges Leben war durch die Unterschiede zwischen Männern und Frauen geprägt und getragen. Das ist inzwischen einer geschlechtslosen Neutralität gewichen – wer im Supermarkt einkauft, das spielt wirklich keine Rolle. Im Hinblick auf das Verhältnis zwischen Alten und Jungen ist es ähnlich. Die Aufgaben und Kompetenzen der Alten und der Jungen waren in vielen Bereichen generationsspezifisch. Heute soll eigentlich jeder alles zu jeder Zeit können. Die Kompetenzen der Alten gibt es nicht mehr, weil der Modernisierungsdruck zu sich ständig überstürzenden Neuerungen führt, die die Erfahrung und Fähigkeiten der Alten hinfällig machen. Kompetenz geht heute mit Jugendlichkeit einher: Die innovationsorientierte Gesellschaft hängt an den Fähigkeiten der Jungen, und was alt ist, ist verdächtig. Das Alter hat Schimmelcharakter, das Haltbarkeitsdatum ist abgelaufen. Das alle Verbindende ist die Zugehörigkeit zur Leistungsgesellschaft. Und da finden sich die Alten in dieser beschriebenen merkwürdig zwiespältigen Lage: *Einerseits* sind die Alten der Leistungsgesellschaft also ein Dorn im Auge: Sie verursachen gewaltige Gesundheitskosten, lassen die Jungen unter der Last ihrer Renten ächzen und sind Nutzer, ohne selbst noch etwas beizutragen. *Andererseits* sind sie Musterschüler der Leistungsgesellschaft: Sie sind fit, engagiert, unternehmungslustig, sind gute Konsumenten von Waren und Dienstleistungen.

Schließlich sind sie auch Vorbilder: Wer es zu etwas bringt, fleißig ist, den belohnt die Leistungsgesellschaft am Ende mit ordentlichen Renten und Pensionen. Und das sollen die anderen, die noch keine Rentner sind, sehen, um sich angespornt zu fühlen.

Zwiespältige Empfindungen hinterlässt die Leistungsgesellschaft auch im Hinblick auf die Frage, was das Alter denn nun sein soll: Müßiggang? Aktivität? Weisheit? Vergnügung? Der alte Mann muss nicht mehr in der Landwirtschaft mithelfen, bis er umfällt. Die alte Frau muss nicht mehr Strümpfe stopfen, Kartoffeln schälen, putzen, Unkraut jäten, bis ihre Hände zu gichtig sind. Aber was ist an die Stelle getreten? Die Reise, weil es zu Hause langweilig ist und man sich vom Unterwegssein Kontakt mit dem Leben verspricht? Fitness, damit man die verbleibende Lebenszeit gesund und unbeeinträchtigt verbringen kann? Wozu eigentlich? Gerade höre ich die Geschichte von einer erwachsenen Tochter, die sich angesichts eines nicht mehr erträglichen Beziehungsdramas auf eigenen Wunsch in die Psychiatrie begibt, in die geschlossene Abteilung. Die Eltern, gutsituierte Pensionäre, stehen fassungslos davor: »Aber wir haben doch gerade drei Wochen Lanzarote gebucht. Das können wir nicht absagen.«

Niemand möchte zurück in die Nachkriegszeiten, in denen verletzte Kriegsveteranen ohne Beine in den Straßen bettelten und sich mit kleinen Klötzchen auf einem Rollbrett sitzend fortbewegten. Aber die tödliche Langeweile, die mit der Einsamkeit einhergeht und viele Alte überschattet, die ist ja auch nicht das, was sein sollte. Der Kampf um die Gunst der Enkel, wenn denn welche da sind? Ich werde die Szene nicht vergessen: Der Enkel eines Bekannten im Kinderwagen und die vier Großeltern drumherum. Jeder mit einer Eistüte in der Hand. Und dann streckte ein jeder dem Kind seine Eistüte hin, damit es lecken konnte. Buhlen um die Gunst der Kleinen, die Alten drängelten sich, um dranzukommen. Es sind dieselben, die sich an Kindergeburtstagen in der Geschenkekonkurrenz zu übertreffen versuchen, nach dem Motto: Wer schafft mehr Plastik ins Haus?

Aber es kündigt sich eine weitere Wende in Sachen Alter und Leistungsgesellschaft an. Die Pensionierung mit 65 war ein wichtiger Schritt in den Sozialstaat. Er gehörte eigentlich in diese Disziplinargesellschaft, die die Fleißigen belohnte und ihnen einen Ruhestand bescherte. Anfänglich sind viele bald nach der Pensionierung gestorben. Man kam mit dem plötzlichen Stillstand der Maschinen nicht klar, und die Herzmaschine blieb dann auch stehen. Es war ein zu großer Spagat zwischen der lebenslangen Arbeitsdisziplin und der plötzlichen Untätigkeit.

Jetzt kippt da etwas. Die Leistungsgesellschaft flexibilisiert alles – auch die Altersgrenze. Aus den USA kommt die Nachricht, dass immer mehr Alte arbeiten, teils weil sie müssen, teils weil sie wollen. Ansätze dazu werden bei uns deutlicher.

Eine Trendwende kündigt sich an: Die Pensionierungsgrenze wackelt. Besonders gut ausgebildete Alte gehen nicht mehr mit 65 in Rente. Weltweit arbeiten *highly skilled people* länger als schlechter ausgebildete Leute. In den USA sind 65 Prozent dieser Menschen zwischen 62 und 74 weiterhin tätig, während Menschen mit einem einfachen Schulabschluss in diesem Alter mehrheitlich in Rente sind. Dieser Unterschied vertieft sich gegenwärtig deutlich.[15] Die Zahl der Alten, die zudem länger leben, wächst. Die Zahl der über 65-Jährigen wird sich in den nächsten 20 Jahren fast verdoppeln, und dies dürfte zu einem langsameren wirtschaftlichen Wachstum führen, weil die Staatsbudgets davon nicht unberührt bleiben.

Aber die Babyboomer verschieben die Pensionierung – allerdings eben vor allem die gut Ausgebildeten. Eine wachsende Zahl muss weiter arbeiten, um den Lebensstandard zu erhalten, das wiederum entlastet auch die staatlichen Budgets. In einem Land wie China schließlich, wo 50 Prozent aller Menschen zwischen 50 und 64 Jahren keinen Schulabschluss haben – sagt der

Economist –, wird das Thema Alter zu einer ökonomischen Bürde.

Fred Pearce, der für die United Nations eine Studie über Bevölkerungsentwicklung geschrieben hat, vermutet, dass die Hälfte aller Menschen, die jemals 65 und älter geworden sind, gegenwärtig leben. Bis 2035 werden auf 100 Erwachsene 26 Menschen kommen, die über 65 sind. In Japan werden es sogar 69 Alte sein, die auf 100 Einwohner im Arbeitsalter (zwischen 25 und 64) zu zählen sind. In Deutschland sind es 66.[16]

Es lässt sich fragen, ob eine solche Betrachtung – wie sie der *Economist* ausbreitet – nicht ganz schnell zu Staub zerfallen kann. Sie geht von der Fortschreibung der Trends aus, an die wir gewöhnt sind. Aber was, wenn es nun ganz anders kommt? Wenn in einer von ökonomischen und ökologischen Krisen geschüttelten Welt plötzlich ganz andere Qualifikationen zählen und in den Vordergrund treten?

Beispiel China: Dass die Chinesen unter der Last ihrer künftigen Alten zusammenbrechen werden, die keinen Schulabschluss haben, sagt der *Economist*. Man kann das ja nur behaupten, wenn alles so bleibt, wie es ist: Wenn der zerstörerische Wachstumskurs der globalen Gesellschaft bis zum Exitus weitergetrieben wird. Wenn wir auf den endgültigen Sieg der sich selbst strangulierenden konsumistischen Industriegesellschaft zusteuern.

Die höhere Bildung ist ja nur in einer produktionsorientierten Wissensgesellschaft von Vorteil. Wenn man aber realistischerweise von kommenden großen Nahrungsmittelkrisen ausgeht, von drastischen Folgen des Klimawandels, von knapper werdenden Ressourcen, dann könnten andere Fähigkeiten wichtig werden. Die chinesischen Bauern werden dann über Nacht ganz anders dastehen. Sie wären nicht länger nur die unerwünschte unausgebildete Soziallast, sondern die kleinbäuerlichen Experten, die vom Überleben mehr verstehen als die Hochhausbewohner in Schanghai. Auch die Vorstädter mit ihren Rasenflächen und kostspieligen Diplomen bei uns und, sagen wir, in Los Angeles sähen dann dumm aus, wenn es im Supermarkt nichts zu kaufen gibt, weil die Transportwege nicht mehr funktionieren, auf den Feldern nicht genug wächst oder die Reichen das Essbare für sich behalten.

Das wäre die vorerst letzte Drehung der Leistungsgesellschaft: Die Überlebensfähigen sind ganz andere, als wir heute denken, und die Alten könnten mit einem Mal als Kenner der Materie, als Lebensexperten dastehen. Die *high skills* lassen einen in der Wallstreet groß rauskommen oder im Büro im sechzehnten Stock eines Konzerns. In der Krise zählen plötzlich die gering geschätzten *low skills*: Wie setze ich Kartoffeln, wie pflanze ich Reis, was braucht Mais zum Wachsen, wie züchte ich Tomaten? Die verachteten Bauern Chinas wissen vom Leben aus dem Eigenen mehr als die Börsenmakler, die mit Getreide spekulieren und so die Preise für

Nahrungsmittel in die Höhe treiben. Wenn aber nichts mehr zum Spekulieren da wäre, dann würde den Nahrungsmittelmakler direkt vor seinem Bildschirm das nackte Elend packen, während der für dumm verkaufte Kleinbauer ihm die Nase drehen könnte. Wir sind uns so sicher, dass es weitergeht, wie wir es gewohnt sind. Aber wer hinschaut, weiß, dass das nicht sehr wahrscheinlich ist.[17] Die Überlebensfähigen werden nicht die sein, die ihren Rasen mähen können, sondern die, die nicht zu arrogant waren, um die Alten zu fragen: Wie macht man das? Säen, ernten, konservieren. Die Leistungsgesellschaft, die in die Krise rutscht, könnte über Nacht ein ganz anderes Bild von den Alten bekommen: Meine Güte, dieses Wissen! Das haben wir ja nicht gedacht …

Karlfried Graf Dürckheim, Philosoph und Therapeut, erzählte einst in einem Interview eine Geschichte über die Umwertung aller Werte, die möglich ist, obgleich wir uns nicht an sie erinnern. Er hat in den Anfängen des 20. Jahrhunderts lange in Japan gelebt und etwas von der Weisheit des Zen-Buddhismus nach Europa gebracht. Dazu gehört, das ist bekannt, das Bogenschießen als ein Beispiel für die äußerste Konzentration, die aus der Erfahrung kommt. Lange, lange muss man das Bogenschießen üben, um ein Meister werden zu können. Junge und Alte versammelten sich eines Tages zum Bogenschießen, und schließlich kam ein kleiner, sehr alter Mann mit seinem Bogen, der viel zu groß für den schmächtigen Mann zu sein schien. Er hob ihn hoch und schoss auf die Zielscheibe. Es geschah, was alle erwartet hatten: Der Pfeil flog kaum zehn Meter weit und fiel dort zitternd zu Boden. Aber dann – so berichtet Dürckheim – fielen zwanzig der Umstehenden, plötzlich erleuchtet, auf die Erde. Vielleicht ist das für uns Abendländer eine schwer nachzuvollziehende, etwas mythische Geschichte. Nehmen wir sie aber für das, was sie erzählen will: dass die Meisterschaft des Alters, die geballte Erfahrung eines Lebens, das in Übung und immer auf dem Weg zur Meisterschaft verbracht wurde, in fassungsloses Erstaunen versetzen kann. Es geht im Leben (und im Alter) nicht um die vollendete Leistung, sondern um einen Schritt auf dem inneren Weg. Gerade darin, dass dieser alte Bogenschütze im Sinne der messbaren Leistung völlig versagt. Die »Leistung« des Alters findet sich nicht im tollen Ergebnis, im Erfolg, sondern in der Würde des Werks, in der akkumulierten Erfahrung, in einer Stärke, die in der Leistungsgesellschaft gar nicht sichtbar werden kann, weil für sie das Innere nicht zählt.[18] »Daß man dem Ziel näher kommt, merkt man daran, daß es immer ferner rückt. Bis man begreift, daß der Weg selbst das Ziel ist, das heißt eine Verfassung, die das Weiterschreiten garantiert, das nie endende und eben darin ewig schöpferisch-erlösende Stirb und Werde.«[19] Gelungenes Alter kann nicht darin bestehen, dass ich plötzlich irgendwie begriffen habe, was es ist, sondern dass ich begreife, dass der Weg des Altwerdens im Gelingen und im Scheitern das Ziel ist.

Die Meisterschaft des Alters steht überall auf dem Aussterbeetat. Sie hat es schwer in der an Messbarkeiten orientierten Leistungsgesellschaft. Das meisterhaft gekochte Glas Marmelade, die vom 80-Jährigen gespielte Cello-Sonate, der souverän gepflegte Garten, der chinesische Papierschirm, den nur noch die Alten herstellen können, der aus Palmbast geflochtene afrikanische Hirsebehälter – Meisterschaften, die nur noch der wahrnehmen kann, dessen Ohren und Augen nicht zugedröhnt sind.

In einer berührenden Weise beschreibt Antoine de Saint-Exupéry in seinem unvollendeten Roman *Die Stadt in der Wüste* meisterhaftes Alter. Das ist nicht auf sich selbst bezogen, sondern auf das, was überdauert. »Erwarte dir nichts vom Menschen, wenn er für sein eigenes Leben und nicht für die Ewigkeit arbeitet«, sagt der Erzähler, der über die Stadt in der Wüste, eine Oase gewissermaßen, spricht. Er beschreibt einen Mann, der Stickereien herstellt, die länger leben werden als er selbst. Er schaut auf den Menschen, auf die Menschen, die mit solchen Stickereien beschäftigt sind: »So betrachtete ich sie, als ich im Delta des Abends, in dem alles sich auflöst, unter meinem Volke einherging; ich sah sie, wie sie sich in ihren alten abgetragenen Kleidern auf den Schwellen ihrer ärmlichen Hütten von ihrem Bienenfleiße erholten … Und ich blieb sinnend vor einem von ihnen stehen, der blind war und überdies sein Bein verloren hatte. Er war schon so alt, so nahe am Tod und ächzte wie eine alte Windmühle bei jeder Bewegung; er antwortete langsam, denn er war sehr hoch in den Jahren und verlor die Klarheit seiner Worte, doch gerade in dem Gegenstand seines Austausches wurde er immer lichtvoller und klarer und einsichtiger. Denn mit zitternden Händen noch stichelte er seine Arbeit, die zu einem immer erleseneren Elixier geworden war. Und während er auf so wunderbare Weise seiner alten, schwieligen Haut entschlüpfte, wurde er immer glücklicher, immer unantastbarer. Immer unvergänglicher. Und er starb und wusste es nicht, die Hand voller Sterne ...«[20]

Vielleicht ist es das zeitgenössische Elend des Alters: dass an die Stelle des Werkes die Beschäftigung getreten ist. Die alt Gewordenen heute ziehen das Nichts dem schöpferischen Akt vor. Und dieser Akt der Schöpfung (das Elixier) kann in einem Gedicht, das man schreibt, bestehen; in der bereits erwähnten Marmelade, die man selbst einkocht; im Besuch, den man beim kranken Nachbarn macht; in der Tomatenpflanze, die man auf dem Balkon zieht; im Brief, den man an den Enkel schreibt. Kultur des Alters entsteht nicht aus dem Besitz, sondern aus dem Geschenk. Ich kenne jene verkümmerten Rassen, sagt Saint-Exupéry, »die keine Gedichte mehr schreiben, sondern nur lesen: die ihren Boden nicht mehr bebauen, sondern sich vor allem auf ihre Sklaven verlassen. Gegen sie rüsten die Sandwüsten des Südens in ihrem schöpferischen Leid immer wieder die lebensstarken Stämme, die zur Eroberung ihrer toten Vorräte ausziehen werden. Ich liebe nicht die Sesshaften des Herzens.«[21] Wir sind heute zu einem Alter ohne »Werk« verflucht, es soll nichts mehr reifen, und so zerrinnt die Zeit unter unseren Händen zu einem Nichts. Und in dieser Diagnose verbirgt sich denn auch die Therapie, so wie das Samenkorn im Acker die künftige Frucht in sich trägt: Wir älter Werdenden müssen denen, die uns das Werk und die Reifung versagen wollen (weil Werk und Reifung so unmodern geworden sind), das Alter aus den Klauen reißen und es selber neu ergründen, weben, sticken, schaffen, erfinden.

KAPITEL 3

Die Qual der Wahl

Wer heute alt wird, muss sich entscheiden

Kurt Wallander, der nachdenklich-empfindsame Krimi-nalkommissar in Henning Mankells Romanen, hat einen Vater. Der ist schwierig, manchmal eine Nervensäge. Er lebt allein auf einem einsamen Gehöft. Oft steht er im Overall und mit abgeschnittenen Gummistiefeln vor ei-ner Staffelei und malt: eine schwedische Landschaft mit See und Bergen, immer wieder dasselbe Bild, Jahr um Jahr. Die einzige Variation: Mal sitzt im Vordergrund ein Auerhahn, mal nicht. Die Bilder verkaufen sich gut.

Ist es die Wiederholung, ist es das Ritual, oder ist die Ge-wohnheit das, was besonders zum Alter gehört? Und ist die Wiederholung schrecklich oder schön? Man kann ja im Alter eigentlich machen, was man will. Man kann bis mittags im Bett liegen, man könnte den ganzen Tag fernsehen oder Musik hören. Aber die meisten rhythmi-sieren ihren Tag doch durch Rituale. Manche genießerisch, manche zwanghaft. Es ist interessant zu sehen, dass wir unter Bergen von Geronto-Literatur geradezu begraben werden und vom Alltag der älter Werdenden dennoch kaum eine Ahnung haben. Wie sie versorgt werden sollten, das wissen wir. Auch wie sie leben *sollten* – mit gesundem Essen, mit viel Bewegung, mit Hobbys –, ist bekannt. Klingt langweilig. Aber wie sie wirklich leben – darüber wissen wir eigentlich wenig.

Ich denke an meinen gutsituierten Nachbarn, der ein Haus auf den Kanarischen Inseln hat und dort den Winter verbringt. Nur im deutschen Sommer kommt er für ein paar Monate, schaut nach seinem verpachteten Geschäft, bewegt dann sein Auto ein bisschen und fliegt wieder zurück in den Süden. Macht er es richtig und ich alles falsch? Segelt er in heiterer Gelassenheit durch das Alter, während ich mich mit zunehmender Empfindlichkeit dem kalten Winter ausliefere? Sollten wir nicht alle in den Süden ziehen, wie die Zugvögel, nach Spanien, in die Türkei, vielleicht sogar nach Thailand? Manchmal sieht man ja im Fernsehen Berichte von Seniorengruppen, die braungebrannt und kurz behost um einen Tisch in Pattaya, Thailand, sitzen und ihr kühles Bier genießen. Hunderttausende sind es, die in Spanien der Einsamkeit und der Kälte zu entfliehen hoffen. Und die Türkei bietet in ihren Hotelbatterien einen vergleichsweise warmen Winter für die an, die mit einer kleinen Rente auskommen müssen und dort gut versorgt die Zeit verstreichen lassen.

Warum eigentlich nicht? Wenn so die *vita activa* langsam ausläuft und man geruhsam dem Verlöschen entgegentrudelt – was ist dagegen einzuwenden? Mit den Kindern und Enkeln kann man telefonieren oder skypen.

Die Zahl der Rentner und Rentnerinnen, die ihre Altersbezüge im Ausland beziehen, hat sich seit 1993 fast verdoppelt. 2013 wurden 220 000 Altersbezüge an Deutsche überwiesen, die ihren Ruhestand außerhalb der Bundesrepublik verleben.[22] Aber mehr sind es, die nur für den Winter in den Süden fliehen. Sind das eigentlich Sozial-Flüchtlinge? Es hält sie offenbar nichts in der Heimat, und das ist natürlich auch eine Mitteilung über das Altwerden bei uns. Heimweh kann man ja nur haben, wenn man eine Heimat hat – und viele scheinen gehen zu können, weil sie es hier satthaben. Wie die gefiederten Teilchen einer Pusteblume, die weggeweht werden, wenn sie reif sind.

Die Resorts bieten All-inclusive-Aufenthalte an, und das Frühstücksbuffet ist gut, und die Bettwäsche und die Handtücher werden gewechselt, und die Frauen schauen in den Tag und sagen: »Man muss sich um nichts kümmern.« Und alles ist so sauber.

Die Frage ist, ob man dem tristen, mühseligen Alltag in Deutschland entflieht, um doch nur auf eine sonnendurchflutete Langeweile zu treffen, die auf Dauer nicht übersehen lässt, dass der Alltag des Alters leer ist.

Älter werden heute – das ist der Unterschied zwischen dem, was früher Schicksal hieß und heute Freiheit genannt wird. Das Schicksal – das, was ›geschickt‹ wurde, war die Normalität bei unseren Vorfahren. Man fand sich in einer Familie vor, die für die Biografie entscheidend war. Man lebte als Mann oder Frau nach den Mustern der Vorfahren und fügte sich im Alter in die Rollen, die die jeweilige Gesellschaft für die Alten vorsah. Im besten Fall war das eine Kombination aus Schutz und Einschränkung. Wer da nicht mitmachen wollte, handelte sich im Allgemeinen dafür ein einsames und unsicheres Leben ein. Den gesellschaftlichen Umbruch, der im vorigen Jahrhundert mit Vehemenz einsetzte, hat Bertolt Brecht in seiner Geschichte von der *Unwürdigen Greisin* beschrieben. Die Geschichte aus dem Jahr 1939 handelt von zwei Lebensabschnitten einer alten Frau, die ihr Enkel erzählt (wahrscheinlich in Anlehnung an die Lebensgeschichte von Bertolt Brechts Großmutter).

Bis zu ihrem 72. Lebensjahr erfüllt die Frau die Ansprüche, die an sie als Mutter ihrer fünf Kinder und als Hausfrau gestellt sind. Mit dem Tod ihres Mannes ändert sie über Nacht ihr Leben. Sie beginnt die letzten Jahre ihres Lebens zu genießen, sie geht ins Kino und sucht Gasthöfe auf, findet sogar neue Freunde. Dass sie ein selbstbestimmtes Leben zu führen beginnt und sich kaum noch an den Konventionen, die für ihr Alter vorgesehen sind, orientiert, empört besonders einen ihrer Söhne, einen Buchdrucker, dessen Familie sehr bescheiden leben muss. Er erwartet, dass sich seine Mutter auch für ihre Enkel aufopfert. Das tut sie nicht. Schließlich stirbt die »unwürdige« Greisin im Alter von 74 Jahren.

Ich erinnere mich, als junger Mensch die Schwarz-Weiß-Verfilmung der Geschichte gesehen zu haben – wie unpassend diese traditionell als Greisin gekleidete Frau im Kino und im Gasthaus wirkte! Ihre Emanzipationsgeschichte fand ich überraschend und sympathisch. Aber auch merkwürdig. Wie schnell sich die Zeiten ändern, kann man daran sehen, dass heute die Gasthäuser eher von Greisinnen und Greisen besetzt sind, jedenfalls fallen sie niemandem mehr als Gäste auf, die da nicht hingehören.

Die Erzählung kritisiert die Geschlechterrollen und insbesondere die Rollenzuweisung an Mütter und Großmütter, von denen damals Verzicht, Unterordnung und Aufopferung erwartet wurde. Das mag es hier und da noch geben, aber die Selbstbestimmung älterer Frauen, die damals von der »gutbürgerlichen Gesellschaft« voller Misstrauen beäugt und letztendlich als *unwürdig* angesehen wurde, ist heute wohl nicht mehr so schwierig. Die unwürdige Greisin lebte hintereinander zwei Leben: zuerst als Tochter, Frau und Mutter, dann als unabhängige Frau.

Heute zieht sich eine unsichtbare Linie durch die Gesamtgruppe der Alten. Auf der einen Seite stehen die fitten Alten, auf der anderen liegen die Pflegebedürftigen und die Dementen. Die fitten Alten als Teil der Konsumgesellschaft, die anderen als Konsumenten von Dienstleistungen. Beide Gruppen beziehen ihre Existenzberechtigung im Sinne der radikalen Leistungsgesellschaft aus der Tatsache, dass sie verbrauchen. Ihr gemeinsames Schicksal ist das der Vereinzelung und zugleich der Unklarheit darüber, wie der letzte Lebensabschnitt unter diesen Umständen aussehen kann. Gefährdung und Selbstgefährdung gehen auf leisen Sohlen einher. Wann wird wer so en passant die Frage aufwerfen, wie lebenswert eine Existenz ist, die nichts mehr beiträgt? Und wird dann diese Frage so in die Betroffenen eingepflanzt, dass sie schließlich selbst nach Abschaltung verlangen? Erst lässt man sich die Falten wegmachen und dann das Leben. Wenn das Alter nicht mehr wirklich Teil des Lebens ist, dann liegt der Schritt in die Entsorgung nahe. Allein eine Wiederentdeckung der Schönheit und Bedeutung des Alters wäre imstande, die heimlich wachsende Entsorgungsmentalität auszubremsen. Und das würde einhergehen mit dem Versuch, ein Stück weit aus der Dienstleistungsgesellschaft auszusteigen und eine neue Gemeinschaftlichkeit zwischen Alt und Jung zu begründen. Das kann in Spanien ebenso passieren wie in Deutschland. Ist aber eine enorme Herausforderung.

Während unablässig über die demografische Entwicklung debattiert wird, bleibt die Frage, was das Alter überhaupt ist, in einer Dunkelzone. Es wird über die Alten geredet, aber das Alter wird systematisch verleugnet. Und das ist kein Versehen und kein Zufall. Wo alles von Wachstum, von Innovation, von Zukunftsfähigkeit und von Nachhaltigkeit redet, sind die Alten irgendwie Sand im Getriebe. Und wenn sie sich in spanische oder türkische Ghettos verziehen, dann verpassen sie unter Umständen ihre Chance, versäumen die Aufgabe, die ihnen gestellt ist: nicht so sehr Sand im Getriebe zu sein, sondern das »Salz der Erde« – wie es biblisch heißt. Weil sie der Kontrapunkt zur totalitären Leistungsgesellschaft sind, können sie entweder versuchen mitzumachen oder unauffällig in einer spanischen Sandburg zu verschwinden, oder sie könnten sich einmischen. Sie könnten ihr Alter selbstbewusst leben und durch ihre schiere Existenz darauf hinweisen, dass es ein Leben neben oder außerhalb des Leistungsdrucks gibt. Dazu gehörte eine große Portion Mut. Und die Anerkennung der Alten als »soziale Wesen«: als Empfangende und als Gebende. Gemeinschaftsstifter könnten sie ebenso sein wie diejenigen, die anderen die Möglichkeit geben, sie mit dem Geschenk der Nächstenliebe auszustatten. Eine große, aber unvermeidliche Aufgabe. Ein Auszug aus dem Ägypten der Einsamkeit, der Konsumsklaverei, der totalen Abhängigkeit von Dienstleistungen. Ein ekstatisches, ein bescheidenes, ein nachdenkliches Alter, in dem sich das Leben dem Ende zuneigt, aber mit großem Ernst zugleich die Zuneigung zum anderen der wichtigste Begleiter wird. Und das ist nicht um die Ecke herum dann doch wieder die Aufforderung zur speziellen Altersleistung. Was da geschehen müsste, ist eher

das, was Rainer Maria Rilke poetisch beschreibt. Wo bei
Rilke »Leben« steht, ist hier vom »Alter« die Rede:

Du musst das Alter nicht verstehen,
dann wird es werden wie ein Fest.
Und lass dir jeden Tag geschehen
so wie ein Kind im Weitergehen von jedem Wehen
sich viele Blüten schenken lässt.

Irritiertes Alter: Halbbewusst sind die alt Gewordenen
sich darüber im Klaren, dass sie einer ambivalenten Situation ausgeliefert sind. In einem Widerspruch, den
die Gesellschaft in sie eingetrichtert hat: Sie sollen, was
sie nicht dürfen und nicht sind. Sie sollen ihr Alter genießen, aber die Formen, die sich dafür finden, ähneln
alle verdammt einer Variation auf die Melodie, die die
Leistungsgesellschaft spielt. Eine Hochspannung, an
der viele Alte scheitern.

Endlich frei? Ist das nun endlich das Alter, das sich
die Menschen gewünscht haben? Das Alter als freie
Wahl. Wo will ich leben? Mit wem will ich befreundet
sein? Was soll mein Hobby werden? Weg mit den läs-
tigen Familienverpflichtungen. Raus aus der Enge des
Dorfes …

Das Alter kann der Auszug aus Ägypten und der Aufbruch in die Freiheit sein. Und alle ahnen die Gefahr
einer neuen Sklaverei – der Langeweile, Isolation und
Sinnlosigkeit.

KAPITEL 4

Wirtschaftswundererwachen

Wenn die Babyboomer alt werden

Im Jahr 1964 kamen in Deutschland 1 357 304 Kinder zur Welt, sie sind jetzt 50. Til Schweiger, Katja Riemann, Guido Westerwelle, Hape Kerkeling, Maybritt Illner, Sandra Maischberger, Cem Özdemir, Christian Wulff – das sind Gesichter der sogenannten Babyboomer. Die von 1955 bis ungefähr 1966 Geborenen sind eine besondere Sandwichgeneration: vor ihnen die alte Kohorte der Nachkriegskinder, nach ihnen eine junge Generation, die gerade erfährt, dass es mit dem Wohlstand nicht mehr so weitergehen wird, wie sie es an den Eltern und Großeltern bestaunen konnte und selbst genossen hat. Hält die Babyboomer irgendetwas zusammen? So wie die 1968er, die das Schweigen der Naziväter, den autoritären Muff, den wilhelminischen Gehorsam bekämpft haben?[23] Die Babyboomer – das ist eine Generation, deren gemeinsames Geschick vor allem der Wohlstand war und bis heute ist. Die Nachkriegsgeneration ist aus dem Elend hochgeschleudert worden in die entstehende Konsumgesellschaft, die Babyboomer fanden sich darin vor. Und sie fragen sich immer öfter: Kann das gut gehen? Bleibt das so? Was wird, wenn wir alt sind?

Das Leben dieser Babyboomergeneration ist eine weitgehend kampffreie Zone. Die Obst- und Gemüsegärten, in denen manche von ihnen noch mithelfen mussten, verschwanden zugunsten von Rasenflächen. Küchenmaschinen und Haushaltsgeräte ersetzten in ihrer Kindheit allmählich alles, was bis dahin mit der Hand gemacht wurde. Der ›Schnellkochtopf‹ war ein Übergangssymbol: Die Mütter kochten zwar noch, aber es durfte nicht mehr so viel Zeit kosten. Mit ›Mirácoli‹ hielten das Exotische und das Fertiggericht Einzug in die Einbauküche. Mirácoli: italienische Spaghetti mit Tomatensoße und einem Pulver, das die Erinnerung an Parmesankäse hervorrufen sollte, denn die Zahl derer, die mal in Italien gewesen war, wuchs. Das Abgepackte begann seinen kolonialen Feldzug in der deutschen Küche. Die Kaffeemühlen verschwanden, die Kaffeemaschine eroberte ihren festen Küchenplatz. Das Schicksal der Babyboomer ist eigentlich mit dem Aufstieg der Plastiktüte eng verknüpft, und wahrscheinlich hat sie mit dem Lebensgefühl der Babyboomer mehr zu tun als mit der Verfassung der Bundesrepublik Deutschland oder der der DDR: Die Plastiktüte ist sozusagen das Leitfossil dieser Generation. Beim Krämer wurde nichts mehr abgewogen, auch weil es den Krämer immer seltener gab, man nahm nun die Waren aus dem Regal und packte sie in einen ›Einkaufswagen‹. Allein an der Schlagsahne lässt sich der kulturelle Wandel exemplarisch beobachten: Anfang der Sechziger kauften wir uns sonntagnachmittags in einer Glasschüssel die Sahne für den Kuchen in der Eisdiele gegenüber. Dann kamen die elektrischen Rührstäbe (›Mixer‹ sagte, wer sich fortschrittlich-amerikanisch stilisieren wollte), heute nimmt man sich im Supermarkt eine Sprühdose mit, aus der auf Knopfdruck die Sahne herausschießt – und im nächsten Schritt wird der »gefährliche Dickmacher« wahrscheinlich überhaupt verschwinden …

In der Plastiktüte verbirgt sich das wahre Schicksal der Babyboomer, die Bier- und Coladose, Chips und Flips und ein Zehnerpack Unterhosen aus dem Sonderangebot. Ja, und dann nahm in dieser Zeit auch irgendwann das Party-Kerngeschäft seinen Lauf: Auf der Terrasse der noch nicht abgezahlten Immobilie wurde *gegrillt*. Ein kastriertes Outdoor-Life, bei dem nach meiner Erinnerung die Holzkohle erst nicht brennen wollte, dann alles einnebelte, bis schließlich ein verkohltes Würstchen oder ein blutig gebliebenes Schnitzel auf dem Pappteller landete. Ketchup und Mayo rundeten das unglückselige Arrangement ab. (Das Ende kündigt sich heute an, wo der Napoleon-Gasgrill in der High-End-Variante 3000 Euro kostet, mit der 40 000-Euro-Küche korrespondiert und insgesamt der schwachen Erinnerung an ein

Outdoor-Life, das das Grillen sein sollte, ein Hightech-Ende bereitet).

Fernsehapparate und Plattenspieler hielten Einzug und veränderten den Alltag in der Familie. Bei Familienfesten war in den Nachkriegszeiten gesungen worden: »Es geht ein Rundgesang an unserem Tisch herum: Drei mal drei sind neune, ihr wisst ja, wen ich meine, drei mal drei und eins sind zehn, der Reimer, ja, der singt so schön.« Was stets einen unsagbaren Schrecken in dem schüchternen Jungen, der ich war, auslöste. Aber man musste dann irgendwas singen ... Anfang der Sechzigerjahre hörte das auf. Der Esstisch verlor mehr und mehr seine familienbildende Bedeutung, vom Couchtisch holte man sich Knabberzeug (wie überhaupt das »Sich-etwas-Holen« zur zentralen Lebensphilosophie der Babyboomer wurde), und die Sesselgarnituren wurden so gedreht, dass man den ›Fernseh‹ im Auge behielt. Der mit den Nachbarn gemeinsam angeschaute *Tatort* löste den Kirchgang ab, und die Kinderzimmer füllten sich im rhythmischen Fortgang der Feste mit immer neuen Plastikgeschwadern. Vermutlich die unbewusste Rache der Plastiktütenträger an ihren Kindern, um sie in das gleiche traurige Geschick zu drücken, das ihnen beschert war.

Die Babyboomer haben noch den Rand der Nachkriegsgesellschaft geschmeckt. Das Einzelzimmer für Kinder war nicht selbstverständlich. Aber sie konnten die

Früchte der Befreiungen, die von den 1968ern errungen worden waren, nutzen. In ihre Partnerwahl mischte sich niemand ein, sie waren die erste Generation, die die Urlaubsmobilität massenhaft nutzte. Und sie bauten landauf, landab ihre kleinen Häuschen, später die Doppelgarage dazu. Ein Leben auf der Suche nach dem Rama-Familienidyll der Fernsehwerbung: Die Sonne scheint durch die offene Terrassentür, der Tisch ist schön gedeckt, Papa und Mama lächeln, gießen sich gegenseitig den Frühstückskaffee ein.

Diese Babyboomer, die erste Generation seit langer Zeit in Deutschland, die keinen Krieg, keinen Hunger, keine Armut kennengelernt hat: Sie sollten glücklich sein können. Aber auch hier zeigen sich schwarze Einsprengsel: Die Ehescheidung ist normal geworden. Viele wünschten sich Kinder und konnten keine bekommen. Ihr Narzissmus ist exzessiver als je zuvor in deutschen Landen – und das führt zu dem diffusen Gefühl, mitten in der Vollausstattung von der Leere überrumpelt zu werden. Es ist ein panischer Egoismus, in den sie sich eingemauert haben. In gut gesicherten Positionen, in abbezahlten Immobilien, mit Lebensversicherung und Pensionsanspruch starren sie auf ihren Garten mit Feuchtbiotop und haben Angst. Sie können zur kostenlosen Vorsorge gegen alle möglichen Krebsarten gehen, aber um den Preis, dass ihre Krankheitsängste wuchern. Mitten im Wohlstand breitet sich die Sorge aus, kriecht durch das Schlüsselloch und lagert wabernd auf dem Parkettfußboden.

Inmitten des Wohlstands eine radikale Verarmung: fragmentierte Familien, erodierte soziale Milieus, kulturelle Beliebigkeit, deren frustrierende Folgen durch konsumistische Orgien zum Verschwinden gebracht werden müssen. Man durfte alles selber entscheiden und machen, was man wollte – aber man musste es auch. Für den falsch gewählten Beruf, für die falsch gewählte Beziehung, für den misslungenen Urlaub – in allem muss man sich selbst die Nase drehen. Es gibt niemandem, dem man die Schuld geben könnte.

Sie sind die erste und wahrscheinlich auch die letzte Generation in Deutschland, die ganz dem Wohlstand lebt. Sie sind eingebettet in die Nachbeben der Kriegszeit und in das Vorbeben einer globalen Welt, in der Hunger, Krieg, Klimakollaps, Flüchtlingsströme, der Zerfall von Staaten, die Dominanz asiatischer Ökonomien am Horizont aufflackern und die alte Welt zu erschüttern beginnen. Sie sind eine verarmte Generation, auch weil ihnen das Wissen der Alten fehlt: wie ein Garten angebaut wird, zum Beispiel. Und sie sind verarmt, weil sie ›befreit‹ sind: von der Religion, von Patriotismus und dem Gefühl, für eine große Familie zuständig zu sein. Zuständig sind sie nur für sich selber. Verantwortung – die taucht in ihrem Horizont auf, wenn sie Kinder haben und unbedingt eine Haftpflichtversicherung abgeschlossen werden muss. Versicherungen sind für sie zum wichtigen Instrument der Daseinsvorsorge geworden – und deshalb findet im Rundum-sorglos-

Paket ihr Lebensgefühl – und ihre Lebensangst – den passenden Ausdruck. Die Versicherung ist das Amulett der Babyboomer. Sie würden sich nicht in irgendwelche Schützengräben jagen lassen – aber die Kehrseite ist, dass sie Staat und Gesellschaft nur als Ressource sehen können, die für ihr Wohlergehen, ihre Sicherheit und ihre Gesundheit zu sorgen hat.

Ich mache mir das deutlich, indem ich an die Rede des Sokrates denke, die er hielt, als er schon zum Tode verurteilt worden war. Er verlangte von seinen Richtern: »An meinen Söhnen, wenn sie erwachsen sind, nehmt eure Rache, ihr Männer, und quält sie ebenso, wie ich euch gequält habe, wenn euch dünkt, dass sie sich um Reichtum oder um sonst irgendetwas eher bemühen als um die Tugend: Und wenn sie sich dünken, etwas zu sein, aber nichts sind, so verweiset es ihnen.«

Wo ist heute ein Sokrates unter uns, der eher den Schierlingsbecher trinkt, als dass er auf die Verteidigung der Gerechtigkeit und der Wahrheit und der Gemeinsamkeit verzichtet? Angehörige der politischen Elite aus dieser Generation steigen fast ausnahmslos aus ihrer Karriere in lukrative Tätigkeiten um – und setzen dafür im Regelfall die Kenntnisse und Beziehungen, die ihnen als Staatsdiener zugewachsen sind, ein. Man kann sich das ja wohl nur so erklären, dass die Steigerung des Wohllebens das Einzige ist, worauf es im Leben anzukommen scheint. Die Frage nach dem Sinn des Lebens ist weggeschoben und fährt doch auf der Rückbank des eigenen Autos unweigerlich mit. »Wir werden« – so sagt der Journalist und Babyboomer Martin Rupps – »wohl nur wegen unserer Masse in die Geschichte eingehen.«[24]

Wie viele können diese Sätze von Charles Bukowski – wenn sie einen Augenblick sich selber gegenüber ehrlich sind – nachsprechen? »Es haben in der Tat die meisten Leute so ein Stillhalteabkommen geschlossen: Sie merken zwar, daß es nicht optimal läuft, aber egal, laßt uns in Ruhe, hat keinen Wert durch all das noch mal durchzugehen, was gibt's heute im Fernsehen? Nichts. Macht nichts, komm, wir kucken trotzdem. – Es ist besser, als sich gegenseitig anzuschauen, es ist besser, als eben darüber nachzudenken. Das Fernsehen hält mehr kaputte Ehen zusammen als gemeinsame Kinder oder die Kirche. Wenn man an all die Millionen denkt, die zusammen leben, ohne es zu wollen, und die ihren Beruf hassen und Angst haben, ihn zu verlieren, dann wundert es einen nicht, daß ihre Gesichter so aussehen, wie sie aussehen. Es ist fast unmöglich, sich ein durchschnittliches Gesicht anzuschauen, ohne sich nicht schließlich wegdrehen zu müssen und woanders hinzuschauen, was anderes anzuschauen, eine Apfelsine, einen Felsen, eine Flasche mit Terpentin oder den Arsch von einem Hund … und sogar der Arzt, der sich im Sterben über dich beugt, hat eine idiotische Fratze.«[25]

Zur kulturellen Armut der Babyboomer gehört auch, dass sie kein Bild von ihrem Alter haben – außer dem, dass sie sicher versorgt sein möchten. Was sie machen wollen im Alter, wie sie das bezahlen können und gegen welche Gefahren Vorsorge zu organisieren ist – das beschäftigt sie. Jedenfalls manchmal. Dass sie im Alter allein sein werden, ahnen sie. Für ihre Eltern kam das überraschend, weil sie erleben mussten, wie die Familie unter den Händen wegschmolz und ihre Kinder unerwartet weit entfernt lebten oder ihnen entfremdet waren. Die Babyboomer wissen dagegen, dass sie sich nicht auf ihre Kinder verlassen können, wenn es ernst wird.

Der radikale Wandel entzieht sich unseren Augen und Ohren. Im Getöse des Alltags merken wir gar nicht, wie sich ein Umsturz nach dem anderen ereignet. Aber das Gegenüber dieser drei Generationen – die Nachkriegskinder, die Babyboomer, die jungen Leute – zeigt revolutionäre Umbrüche, wie es sie in dieser Drastik wohl selten gegeben hat. Ein Städter oder Bauer des 17. oder 18. Jahrhunderts hat in seinem Alltag Veränderungen erlebt, aber es waren, blickt man auf den Alltag, minimale Verschiebungen, die die Geräte, die Kultur, das Wohnen, die Ernährung betrafen. Im Jahr 1789, infolge der Französischen Revolution, wurde alles über Nacht anders und der Wandel zum Dauerzustand. Heute: Alles fließt? Mehr als das: Alles ist zu einem reißenden Fluss geworden.

Wenn sie, die Babyboomer, nach ihrer Lebensphilosophie befragt werden, dann sagen viele wahrscheinlich:

Think positive! Das zwingt sie dann, auch dem Alter das Positive abzugewinnen. Die dunklen Seiten werden geleugnet oder weggeschoben. Es wird spannend sein zu beobachten, wie die Babyboomer mit dem Alter klarkommen. Die Besserverdiener werden viele Tücken des Alters mit Geld zudecken können. Fluchtpunkt: Augustinum. Sie träumen zwar von einer Altenwohngemeinschaft oder noch besser: von generationenübergreifendem Wohnen, aber das wird ein dorniger Weg, weil sie dafür, ein wenig jedenfalls, mit ihrem Egoismus aufräumen müssten. Das Gemeinsame geht ja nicht, wenn man nicht die Wucherungen des eigenen Individualismus ein Stück weit kappt.

Die Babyboomer stehen vor großen Herausforderungen: Ihre finanziellen Spielräume werden kleiner, zumindest wenn sie zum bedrohten Mittelstand gehören. Geldentwertung wird an ihren Renten und Pensionen fressen. Nicht wenige werden mit bescheidenen Ruhegehältern auskommen müssen. Wer kann, wird wohl weiterarbeiten. Und auch ihre gewohnt souveränen Entscheidungen im Alleingang werden aus finanziellen, gesundheitlichen oder sozialen Gründen so nicht weitergetroffen werden.

In all dem steckt natürlich auch eine große Chance, die Chance der Befreiung, des Neuanfangs. Sie steckt im Bruch mit den gewohnten Mustern. Wenn die Babyboomer nur die Langeweile der Wohlstandsgesellschaft

ins Alter verlängern, dann werden sie allmählich ver-
sauern, weil sie die Veränderungen und Einschränkungen des Alters nur als Defizit werden wahrnehmen können. Der in Korea geborene Philosoph Byung-Chul Han
spricht von der »Gewalt der Positivität«. Die Väter und
Mütter der Babyboomer hatten Feinde: den Kommu-
nismus oder den Kapitalismus, die Ausländer oder die
Faschisten, die Unternehmer oder die Gewerkschaften,
die Schwulen oder die Springerpresse. Die, von denen
hier die Rede ist, bewohnen einen »negativitätslosen
Raum des Gleichen, in dem keine Polarisierung von
Feind und Freund, von Innen und Außen oder von Eige-
nem und Fremdem stattfindet«[26]. Der Horror vor dem
Fremden, der die Nachkriegsgeneration kennzeichnet,
ist abgelöst vom »Terror der Immanenz« (Han). Deswegen sind die Babyboomer fasziniert von barrierefreien
Welten und von der modischen Inklusionspropaganda,
die alles und jeden dem gleichen »Glück« unterwerfen
will und kein Abseits dulden kann. Alle sollen drinnen
sein – die Große Koalition, das Wohlfühlklima – das ist
das heimliche Ideal der Babyboomer. Die Gewalt der
Positivität entfaltet sich in der permissiven und befrie-
deten Gesellschaft, in der wir leben, in der Opposition
und Widerspruch nur noch Varianten des ohnehin Vor-
herrschenden sind. Die Große Koalition ist politisch,
medial und sozial das Lieblingsmodell, weil es verbirgt,
dass niemand etwas anderes will als eine Steigerung des
Wohlstands. Darum sind die Erkrankungen, mit denen
wir und sie es zu tun bekommen, vor allem psychische

Erkrankungen: Depression, Borderline, Burnout – es sind systemische Erkrankungen, die ihre Kränkung im System entfalten und nicht wie Bakterien oder Viren von außen kommen. Das Borderline-Syndrom »ist ein Durchbrennen des Ich bei Überhitzung, die auf ein Zuviel des Gleichen zurückgeht«[27].

Das Altersglück der Babyboomer kann man sich entweder vorstellen als ein Immer-weiter-so. Konsumieren, reisen, sich fit halten. Sich gegen die drohenden Gefahren des Alters durch Verträge aller Art absichern: rechtzeitig betreutes Wohnen mit gesichertem Übergang in den Pflegebereich vorbereiten, Patientenverfügung verfassen als Prävention gegen ein »unsinnig verlängertes Leben«, Hospiz oder Sterbehilfe als beruhigende, gegen Schmerzen gesicherte Endstation. Alles paletti. Schließlich Plastikurne im Friedwald, womit das Leitfossil Plastiktüte seinen letzten Triumph feiert – man steigt konsequenterweise schlussendlich und symbolisch anspruchsvoll selbst in die Tüte, die man immer getragen hat.

Es wird, so darf man hoffen, Aussteiger geben. Jene, denen die Fortführung dessen, was immer schon gewesen ist, nicht reicht. Jene, die an den Gitterstäben der Immanenz rütteln. Jene, die ihre Leere als Chance begreifen. Jene, die im Alter eine Chance zum Aufbruch aus dem Gewohnten sehen. Jene, die fühlen, dass das Du, dass der Nächste, dass der soziale Klebstoff, dass das Geschick der nachkommenden Generationen und nicht nur das Eigene wichtig ist.

Ich werde nicht vergessen, wie mir der Erbauer und Besitzer einer Lodge im Norden Namibias, ein alter weißer und weißbärtiger Soldat, der vermutlich so manches auf dem Kerbholz hat, mit einem angenommenen schwarzen Enkelkind auf dem Schoß sagt: »I'd never admit that I am tired« – ich würde nie zugeben, dass ich müde bin. Ein Beispiel aus dem Tugendkatalog der Disziplinargesellschaft. Wir brauchen wohl das Gegenteil: einen anderen Blick auf die Müdigkeit. Es nimmt ja die Zahl jener Babyboomer zu, die an der Leistungsgesellschaft scheitern. Sie sind des Drucks müde. Aber zu dieser erschöpften Müdigkeit könnte eine schöne Altersmüdigkeit treten, die Tore und Türen öffnet, statt sie zu schließen.

Eine Müdigkeit, die die Klammer des Ich lockern würde. Eine Ich-Müdigkeit, die alternde Menschen durchlässig machen würde für die Welt und die Erfahrungen, die sie zu machen erlaubt. Eine Müdigkeit, die inspirierend wirken würde. Eine Müdigkeit, die alles andere als ein Erschöpfungszustand wäre, sondern eine Inspiration ermöglichte, die vom Habenmüssen ablassen könnte. »Die Inspiration der Müdigkeit sagt weniger, was zu tun ist, aber was gelassen werden kann«, notiert Peter Handke.[28] Gelassenheit, die Fähigkeit, lassen zu können, befähigt den Menschen zu einem gelassenen Nicht-Tun – eine heimliche, geflüsterte

Einmütigkeit, die von Konfuzius über Meister Eckhart zu Peter Handkes Sätzen führt: ein Müdigkeitsalter, das verjüngen würde, weil es einen völlig anderen Blick auf die Welt ermöglichte. Man kann sich das an den gängigen auf dem Markt feilgebotenen Alterstheorien vor Augen führen. Da wird das Potenzial der jungen Alten für ehrenamtliche Arbeit untersucht. Da wird in einer neuen Studie die Aktivitätsbereitschaft der über 85-Jährigen gemessen.[29] Da gibt es die gern zitierte Theorie von den Go-Goes, Slow-Goes, No-Goes: Das sind die fitten, die eingeschränkten und die hinfälligen Alten. Eine gerontologische Theorie, die das Alter unverfroren an der Leistungsfähigkeit misst und deshalb das Alter nur als allmählichen Verfall beschreiben und begreifen kann. Könnte man sich auch eine Zukunft vorstellen, in der das gerade umgekehrt ist? Diejenigen, die zu Beginn ihres Alters noch nichts begriffen haben, diejenigen, die im Laufe des Älterwerdens immer mehr verstehen, und diejenigen, die am Ende weise, lächelnd, durchlässig der Welt ein Lebewohl zuwinken? Die gängigen Alterstheorien gehen von Verfinsterung aus. Wie wäre es, wenn es auch eine allmähliche Erleuchtung gäbe? Eine Verabschiedung vom Narzissmus, vom Subjekt und vom Subjektivismus, eine Transhumanz – etwas, was uns in ein anderes Weltverständnis segeln lässt? Kann sich, wenn das Ich weniger wird, das Schwergewicht des Seins vom Ich auf die Welt verlagern?[30] Können das Alter und das Ende als ein Zugehen auf einen Sabbat begriffen werden, in dem sich das »um zu«, das uns beherrscht, allmählich erledigt und der Köstlichkeit des Unbrauchbaren weicht? So wie die Sonne, die am Horizont versinkt, unbrauchbar, aber unendlich schön ist? Peter Handke stellt sich die (biblische) Pfingstgesellschaft, auf die der Geist niedergeht, als eine Gesellschaft der Müden vor. Die Pfingstgesellschaft, die zum *Nicht-Tun* inspiriert, ist der Aktivgesellschaft entgegengesetzt. Es wäre die Möglichkeit zu einer *Zusammenstimmung*, der Weg zu einer neuen Nähe, zu einer wiedergeborenen Nachbarschaft, jenseits der Familie, jenseits der Versorgungsmaschinerie. Und das ohne den Abschiedsschmerz, den das Alter mit sich bringt, zu leugnen; und doch voller Glück, weil die Fülle des Seins noch einmal geschmeckt werden kann. In der Schilderung des Pfingstereignisses fällt ein unglaubliches, aufregendes Wort: »Eure Greise werden Träume haben.«[31] Wie wäre es, wenn die Babyboomer sich entgegen allen Erwartungen von ihren Gewohnheiten befreien, wenn sie das Alter nicht als eine Versicherungs- und Organisationsfrage angehen, sondern als die Chance, »aus sich herauszugehen« und Fragen zu wagen: Wer bin ich denn? Für wen und was bin ich da? Was müsste ich noch sagen? Was ist noch zu tun? Es wäre der Weg in ein riskantes Alter, in dem alles noch einmal in Bewegung geraten kann, aber vielleicht kommt so die Geröttlawine, unter der sie begraben sind, ins Rutschen, und es eröffnet sich ein überraschender Blick ins Freie, vielleicht in ein rotglühendes Abendlicht.

Vielleicht konfrontiert das Alter die Babyboomer mit der schwierigsten Aufgabe ihres Lebens: etwas geschehen lassen zu können. Das Alter nicht als die letzte große Leistungsshow zu sehen, also als ein Ding, das man *machen* muss. Sich darauf einlassen, aber nicht: das Alter managen. Es geht um das Hinschauen. Auf das Leben schauen wie auf das nördliche Meer, in dem sich die Eisberge langsam bewegen, ohne dass ich einen Einfluss darauf habe. In der daoistischen Philosophie heißt das *Wu wei*. Dao ist der umfassende Ursprung und das Wirkprinzip, das die Ordnung und die Wandlung der Dinge bewirkt. Es wäre nicht weise, in das Walten dieses Prinzips einzugreifen. Der Geist des Menschen muss sich in dieses Walten nicht einmischen. *Wu wei* bedeutet nicht, dass man gar nicht handelt, sondern dass das Handeln im Einklang mit dem Dao steht. Das Notwendige tun, spontan und natürlich, darum geht es. Es entsteht dann ein Zustand der inneren Stille, der zur richtigen Zeit die richtige Handlung ohne Anstrengung des Willens hervortreten lässt. Die angemessene Übersetzung des Begriffes *Wu wei* wäre somit »Nicht-Eingreifen« beziehungsweise »Handeln durch Nicht-Handeln«. Es geht um eine Art kreativer Passivität. Das folgende Beispiel beschreibt die Haltung sehr schön – und es wäre vielleicht das Vorbild für die schwierige Aufgabe des Altwerdens bei uns und heute:

»Wenn du auf dem Wasser reisen willst, ist ein Boot dafür geeignet, weil ein Boot sich auf dem Wasser in geeigneter Weise bewegt. Wenn du aber an Land gehst, kommst du damit nicht weiter und wirst nur Ärger haben und nichts erreichen, als dir selbst Schaden zuzufügen.«[32] So hat es Zhuangzi, der im 3. Jahrhundert v. Chr. gelebt hat, formuliert.

Alt werden: Vielleicht sollte man dazu gelegentlich über *Wu wei* nachdenken?

Das Verhängnis und die potenzielle Freiheit dieser Generation der Babyboomer ist, dass sie nichts mehr vorfinden: keine Rollen, keine Muster, in die sie sich einfügen könnten. Was Alter ist, weiß niemand mehr. Was alt werden bedeutet, auch nicht. Der Blick darauf ist durch das Versorgungsgebrabbel verstellt. Und deshalb wird Alter vorgestellt als eine letzte Zeitstrecke, von A nach B, in der es immer schneller bergab geht. Die lineare Chronologie und das Alter sind eng miteinander vernäht. *Sapere aude*, wage zu wissen, heißt es in der Antike. Immanuel Kant übersetzt das: Habe den Mut, dich deines eigenen Verstandes zu bedienen. Aber das reicht vielleicht nicht. »Wage zu wissen, was du über dich in Erfahrung bringen kannst« – das würde vielleicht mehr sein. Es käme einem Umsturz gleich, den das Alter heute braucht, um sich aus den Fesseln der Sicherheitsgesellschaft zu befreien. Man kennt das Bild von Laokoon, dem trojanischen Helden, der mit den Schlangen ringt und sich zu befreien versucht. Er hatte die Kriegslist der Griechen durchschaut, die das Trojanische Pferd vor den Mauern der Stadt aufgestellt hatten. Ihm wird nicht geglaubt, und die Göttin Athene schickt zwei Schlangen, die ihn und seine zwei Söhne umschlingen und erwürgen.

Es ist das manchmal finstere Schicksal derer, die dem *sapere aude* folgen, bis heute. Laokoon hatte einen Speer gegen das Griechenpferd geschleudert, um es zu entlarven. Er wollte wissen und wurde dafür von den Trojanern und den Göttern geächtet und bestraft. Ich stelle mir vor, dass das Altwerden der Babyboomer so etwas Ähnliches sein kann. Bequem ist es, mit der blinden Mehrheit zu grölen oder vor sich hinzudämmern. Wer das nicht tut, muss um die Befreiung von den das Denken und Fühlen erwürgenden Schlangen kämpfen.

Es sind die Bilder und Geschichten, die manchmal die Möglichkeit bieten, sich aus den Konventionen und Denkvorschriften zu lösen. Ein anderes Alter finge wohl damit an, dass wir das stählerne Gehäuse, in dem Zeit und Alter zu einer chronologisch-linearen Einheit verschmolzen sind, sprengen. Es ist verlockend, neu über die Verschränkung von Alter und Zeit nachzudenken und die verordneten Konventionen zu lösen.

Jeder älter Werdende weiß ja, dass mit der Zeit etwas Merkwürdiges geschieht: Sie fängt unweigerlich an zu rasen. Als Kind war die Zeit von Weihnachten bis Weihnachten unendlich, fast unerträglich lang. Im Alter werden die Abstände immer kürzer, die Zeit rast. Und es ist dagegen wohl kein Kraut gewachsen, aber dies kann uns etwas lehren darüber, dass die Zeit eben keine feste Größe ist, wie der Sekundenzeiger unserer Uhr es uns vorgaukeln will.

Nachdenken über Zeit und Alter: In Stanley Kubricks Film *2001: Odyssee im Weltraum* befindet sich der Raumfahrer Bowman auf dem Weg zum Jupiter. Am Ende einer jahrelangen Reise ist er gealtert und findet sich mit dem Raumfahrerhelm auf dem Kopf an einem unbekannten Ort in einem Salon wieder, der im Stile Ludwigs XVI. gehalten ist und zugleich durch leuchtende Platten einen futuristischen Eindruck macht. Inmitten dieses surrealistischen Raums steht die Raumkapsel. Er schaut auf den Rücken eines alten Mannes, der, als er sich umdreht, er selbst ist. Dem fällt ein Glas vom Tisch, und als er sich bückt, um die Scherben aufzusammeln, fällt sein Blick auf einen Greis, der sterbend im Bett liegt. Wiederum erkennbar eine Gestalt Bowmans. Und schließlich erkennt man einen Fötus in der Fruchtblase, der die Züge des Raumfahrers Bowman trägt. Dieser Fötus schwebt am Ende des Films zwischen Mond und Erde im Weltraum.[33] Es ist ein völlig anderer Blick auf das Altwerden, als wir ihn eingehämmert bekommen. Die Lebensformen existieren hier nebeneinander, sind nicht in das gewohnte chronologische Schema eingeordnet. Kubricks Film, so könnte man denken, lässt die gesamte wissenschaftliche und praktische Debatte wie eine Seifenblase platzen und verlockt zu einem völlig anderen Blick auf das Altwerden, das als eine Variation des Lebens begriffen wird. Allen Diesseitskrüppeln sei

dieser Film empfohlen, auch um die verfestigten Gewohnheiten, in denen über das Altwerden gesprochen
wird, abschütteln zu können.

Kein Ding ist Gott so entgegengesetzt wie die Zeit, hat Meister Eckhart gesagt. Auch wenn die meisten Menschen
heute einer solchen religiösen Formulierung gegenüber taub sind, kann der Satz einen doch treffen wie
ein Schlag: Alter wird vor allem als die Lebensphase mit
einer verkürzten Zeitperspektive gesehen. Vielleicht
aber ist die Beziehung zwischen dem Alter und der Zeit
eine ganz und gar andere? Alt werden hieße heute vor
allem: sich aus der Verdinglichung der Zeit befreien.
Die Vergangenheit und die Zukunft finden sich nicht
im Statistischen Jahrbuch, sondern in der persönlichen
Erinnerung oder in der persönlichen Hoffnung.

KAPITEL 5

Spieglein, Spieglein an der Wand

Auf der Suche nach der Schönheit des Alters

Eine Männerrunde sitzt beim Wein zusammen, irgendwo in England, vor langer Zeit. Die fünf alten Männer, die da beisammen sind, sind in ihrer Jugend zur See gefahren. Einer von ihnen, Marlow, berichtet von seiner ersten Schiffsreise als Seemann in den Fernen Osten, nach Bangkok. Das war damals ein wildes, erregendes Abenteuer, das ständig vom Scheitern bedroht war. Das Meer war wie ein lebendiges Wesen, gewaltig, unergründlich, hilfreich, fürsorglich: »das gute, starke Meer«. Das brüchige Schiff, auf dem Marlow, zwanzig Jahre alt, als Zweiter Offizier anheuerte, wurde von einem sehr alten Kapitän geführt; immer wieder leckgeschlagen, musste es umkehren – schließlich, kurz vor Java, brach Feuer im Laderaum aus. Nun hieß es kämpfen oder untergehen. Das war, so resümiert Marlow, die Seefahrt, die Jugend, das Leben. Joseph Conrad hat diese Geschichte 1911 veröffentlicht. Von den außerordentlichen Erzählungen Joseph Conrads zähle diese zu den außerordentlichsten, befand Hugo von Hofmannsthal. Die Erzählung ist ein Gleichnis für das Leben und für die Jugend in einem. In einem Rettungsboot erreichte Marlow erschöpft die Küste des Ostens. »Doch für mich ist der ganze Osten in jener Vision meiner Jugend enthalten. Er liegt ganz und gar in dem Moment, da ich die Augen aufschlug und ihn ansah. Nach einem harten Ringkampf mit dem Meer trat ich ihm entgegen – und ich war jung –, und ich sah, wie er mich anblickte. Und dies ist alles, was davon übrig ist! Nur ein Augenblick der Kraft, der Schwärmerei, des Zaubers – der Jugend! … ein huschender Sonnenstrahl über einer fremden Küste, Zeit genug, um sich zu erinnern, Zeit für einen Seufzer, und – leb wohl! – Nacht! – Leb wohl …!«

Der alte Marlow nimmt einen Schluck. »Ah! Die guten alten Zeiten – die guten alten Zeiten. Das gute, starke Meer, das salzige, bittere Meer, das dir zuflüstert und dich anbrüllt und dir den Atem benimmt.«

Und nach einem weiteren Schluck:

»Bei allem, was da wundervoll ist, es ist das Meer, glaube ich, das Meer als solches – oder ist es die Jugend allein? Wer kann das sagen? Doch ihr hier – euch allen gab das Leben etwas: Geld, Liebe – was immer man an Land erlangen kann – und, sagt, war das nicht die beste Zeit, damals, als wir jung auf See waren; jung waren und nichts besaßen, auf der See, die nichts gibt außer harten Püffen – und manchmal einer Gelegenheit, die eigene Kraft zu fühlen – ist es nicht das allein, dem ihr nachtrauert?«

Und die Männer in der Runde, Männer der Finanzen, der Rechnungsbücher, des Gesetzes – sie alle nicken über dem polierten Tisch, »der wie eine ruhige Fläche braunen Wassers unsere gefurchten, gerunzelten Gesichter widerspiegelte: unsere Gesichter, die von Mühe, Trug, von Erfolg, von Liebe gezeichnet waren; unsere müden Augen, die noch immer, unentwegt, begierig nach etwas im Leben Ausschau hielten, das, was noch während es erhofft wird, schon dahin ist – unbemerkt zerronnen, in einem Seufzer, in einem Nu – zusammen mit der Jugend, mit der Kraft, mit Illusion und Schwärmerei.«[34]

Die gefurchten Gesichter, von denen Conrad spricht, in denen sich das Leben spiegelt: Gibt es die noch? Was zeichnet sich in den unsrigen ab? Wir kennen sie, diese Gesichter amerikanischer Greisinnen, die auf Jugendlichkeit geschminkt und geglättet sind, und der Anblick ist furchtbar. Zeichnen sich in unseren Gesichtern die Travelexistenzen ab? Gesichter mit plattgedrückten Nasen vom gierig suchenden Blick in die Schaufenster. Oder blicken wir verblödet drein, weil sich Werbespots, Sitcoms und Tatort-Kommissare in unsere Züge eingegraben haben? Ist es so, dass wir es mit 30-Jährigen zu tun haben, in deren Gesichtern sich einfach gar nichts mehr abzeichnet, und mit 70-Jährigen, in deren Gesichtern die Sicherheitsgesellschaft ihre tödliche Langeweile in fetten oder mageren Falten verfleischlicht hat?

In Friedrich Hölderlins Gedicht *Das Schicksal* heißt es:

Der Not ist jede Lust entsprossen,
Und unter Schmerzen nur gedeiht
Das Liebste, was mein Herz genossen,
Der holde Reiz der Menschlichkeit. [35]

Die Not und die Schmerzen als Verlebendiger? Ist es das, was Hölderlin meint? Das ist ein Tabu, das geradezu hysterischen Widerspruch hervorruft. Dass die Sicherheits- und Konsumgesellschaft, in der wir leben, uns eben auch einschläfert, auch darüber kann nicht geredet werden. Die Not – so wagt es Hölderlin zu sagen – lehrt das Klagen verachten. Und ungeheuerlich in unseren Ohren ein weiterer Satz: »Der Greise Faust verjüngt sie wieder«. Die Not macht jung, ist es das, was Hölderlin sagt? Da haben wir anderes auf dem Anti-Aging-Programm: fünfmal Gemüse oder Obst am Tag, ein Gymnastikkurs und regelmäßiger medizinischer Rundumcheck mit Abfrage aller Werte. Der greise Faust verjüngt sie: Heute wird die Faust nur noch geballt, um den Blutdruck zu messen.

»Willst du etwa …?«, schallt es mir sofort entgegen. »Willst du etwa mit Hölderlin darauf hinaus, dass die Menschen Not und Schmerzen brauchen, um lebendig zu sein?« Natürlich fühle ich mich in meinem Haus, mit meiner Pension, meiner Krankenversicherung und meiner Bahncard wohl. Ich möchte nicht, könnte nicht in einer Blechhütte in Lagos leben, mit Ratten, vergiftetem Wasser, immer am Rande des Hungers. Und dennoch bohrt da etwas. Ich denke zwangsläufig an Heiner Müller, den Dichter, der, an Speiseröhrenkrebs erkrankt, bei einem seiner letzten Fernsehinterviews eine dicke Zigarre genüsslich zum Munde führt. Er hat gern Bert Brecht mit dem Satz zitiert: »Wer raucht, sieht kaltblütig aus, und wer raucht, wird kaltblütig.« Solche Taten könnten ja geradezu die Aufforderung sein, den allgegenwärtigen Sicherheitsgurt abzuschnallen. Da wäre man sich der allgemeinen Empörung sicher. Während die Welt gerade an den Schloten rauchender Industrieanlagen, am Verfeuern aller Ressourcen zugrunde zu gehen droht, lässt die Bundesregierung immer schrecklichere Bilder auf Zigarettenpackungen drucken: ein gewaltiges, aber erfolgreiches Ablenkungsmanöver.

Wieso – frage ich mich – sind Kinder, die im Slum leben, oft lebendiger als unsere verwöhnten, schlafmützig schlurfenden Jugendlichen? Wieso singen und tanzen sie, als wenn sie über eine durchdringende Lebenskraft verfügen, obwohl sie kein fließend Wasser, keine geregelten Mahlzeiten, keine ordentlichen Familienverhältnisse haben?

In gewisser Weise kann man sich manchmal unsere Gesellschaft als ein Aggregat aus RentnerInnen (das große I wird von Neokonformisten erfolgreich ausgesprochen) vorstellen, in der die Sucht nach Sicherheit alles Leben zum Erliegen gebracht hat. Auch die Jungen sind in diese Rentnermentalität inkludiert. Und alle sind lieb zueinander. Selbst bisexuelle, linkshändige Veganer mit Migrationshintergrund[36] würden von Omi heute geherzt und in die Familie aufgenommen. Was weniger ein Ausweis ihrer Toleranz als ein Beleg für ozeanische Beliebigkeit ist. Man könnte mit Peter Sloterdijk unsere Gesellschaft auch als ein Aggregat aus Urlaubern beschreiben, insofern man Urlaub als größtmögliche Entfernung vom Ernstfall fasst.[37] Es beschleicht mich manchmal der Gedanke, dass die Alten sich in einer merkwürdig komfortablen Lage befinden: Sie sind sich völlig darüber im Klaren, dass sie die Suppe nicht auslöffeln müssen, die sie den kommenden Generationen eingebrockt haben. Sie können sich angesichts des absehbaren Bankrotts, in den unser Lebensstil führt, noch rechtzeitig aus dem Staub machen. Zur Herstellung des Burgers, den der Rentner gerade verzehrt, werden 3000 Liter Wasser gebraucht. Wir produzieren heute in zwölf Monaten mehr Ruß als im gesamten Mittelalter. »Ich bin der Überzeugung, dass wir die Situation, in der wir uns jetzt befinden, mit Fug und Recht einen Notfall nennen können – einen beispiellosen Notfall planetarischen Ausmaßes.«[38] Stephen Emmott, der das geschrieben hat, lässt die vernichtende Bilanz unserer Gegenwartslage (»Ich glaube, wir sind nicht mehr zu retten«) am Ende seines Buches in diese Geschichte münden: So fragt er einen der nüchternsten und klügsten Forscher, die ihm begegnet sind, was er tun würde, müsste er sich für nur eine einzige Sache entscheiden, angesichts der Situation, mit der wir konfrontiert sind, in der bald zehn Milliarden Menschen um Wasser, Boden, Ressourcen streiten werden. »Ich würde meinem Sohn beibringen, wie man mit einem Gewehr umgeht.«[39] Laut der Roten Liste der internationalen Union für die Bewahrung der Natur und natürlichen Ressourcen sind im Jahre 2012 41 Prozent aller Amphibienarten, 33 Prozent aller Seekorallen, 25 Prozent aller Säugetiere und 13 Prozent aller Vögel unmittelbar vom Aussterben bedroht.[40] Sieht das nicht so aus, als wenn es immer mehr zu einem »Standortvorteil« werden könnte, alt zu sein? Gut gelebt, und die Konsequenzen muss man nicht tragen …

Möglicherweise wird man in absehbarer Zeit mit Wut und Ohnmacht auf die Jahrzehnte der Alten zurückblicken, die es bis zum Schluss, bis ins hohe Alter noch einmal haben richtig krachen lassen.

Aber diese politischen Hintergründe des Alters in der Gegenwart sind erfolgreich verdrängt. Die Erregung über die Kippen der Raucher ist größer als die Erregung über das Kippen des Klimas.

Vor kurzem wartete ich im Frankfurter Bahnhofsrestaurant auf einen Gesprächspartner. Dort gibt es noch einen Raum für Raucher. Ich sah zwei dicke ältere Herren, das weiße Hemd spannte sich über einem gemütlichen Bauch. Vor ihnen ein silberner Sektkühler, eine weiße Serviette um den Flaschenhals. Jeder hielt eine dicke Zigarre in der Hand. Und die Stimmung war offensichtlich sehr gut. Die Glücklichen, denn in meinen Kopf schossen sofort die Bilder einer tags zuvor gesehenen 3sat-Dokumentation *(Der Methusalem-Code)*, in der den genetischen Bedingungen des Alters nachgegangen wurde. Gleich zu Anfang: ein 75-Jähriger, der in gedrehten Figuren vom Turm des Schwimmbads springt. Ein 76-jähriger Hürdenläufer, eine 73-jährige Frau, die im Supermarkt einen Spagat macht und sich später am Barren in professionelle Positionen schwingt. Prompt veranstaltete mein schlechtes Gewissen Festspiele: heute wieder nichts gemacht, nur Schreibtisch, zu faul für Yoga … Die alten Kolleginnen und Kollegen stürzen sich derweil wie Falken vom Turm oder bringen die zuschauenden Kinder am Barren zum Staunen. Wenn du nicht so bequem wärest, so flüstert die innere Stimme, könntest du das auch … Alt sein heißt heute: ein schlechtes Gewissen haben. Zu wenig Bewegung. Falsches Essen. Und für das Gehirn müsste man auch joggingmäßig etwas machen. Die Leistungsgesellschaft presst uns Alte in eine neue Defizittheorie. Die alte Defizittheorie der Wissenschaft, die sich Gerontologie nennt, hatte etwas Gemütlich-Beruhigendes. Im Alter nimmt das Engagement ab, die Schwächen nehmen zu. Im Schatten dieser Theorie konnte man sich irgendwie ausruhen. Heute ist das Altsein ein besonders anstrengender Sektor der Leistungsgesellschaft: Du hast immer gerade was versäumt. Die Zeit reicht gar nicht, um den gesellschaftlichen Imperativen Folge zu leisten. Die beiden dicken Herren im Rauchsalon sind also – genau betrachtet – Aufsässige. Eigentlich wäre es an der Zeit, sich einzugestehen, dass man besser bei denen säße. Ich höre von einem Hundertjährigen, der in einem Altersheim sitzt und den Besuch einer Prostituierten wünscht. Die Erben, die sein Geld verwalten, sind nicht bereit, das Geld herauszurücken. Die ganze Altersverworrenheit unserer Zeit wird an der Geschichte deutlich: Ist das moralisch inakzeptabel? Werden die Erben zu Moralisten, weil sie das Geld nicht geben wollen? Ist der Hundertjährige unersättlich, weil er meint, alles müsse immer allen zur Verfügung stehen? Mein unkontrollierter Impuls war jedenfalls: Ich würde ihm das Geld am liebsten schicken … Vielleicht schickt mir dann irgendwann auch jemand das Geld …? Oder würde ich da das Klassenziel »In Würde altern« verfehlen?

Wenn ich ehrlich bin, kann ich zwar an meinem chronologischen Alter ablesen, dass ich alt bin, aber im Grunde habe ich das Gefühl: Ich bin es nicht. Es sind die anderen, die alt sind. Ich blicke erstaunt auf meinen einige Jahre älteren Gesprächspartner, der nur noch über Kochrezepte und die Fehlentwicklung der SPD reden kann. Damit habe ich doch nichts zu tun? Ich bin unzweifelhaft der gelungenere Alte. Bin ich bei der bekannten Geschichte: Die 85-Jährige sagt über die

90-jährige Zimmernachbarin: Mit der will ich nichts zu tun haben, die ist mir zu alt?

Das Alter spüren: Ich stand vor einer armseligen Blechhütte. Im Slum von Windhuk, der Hauptstadt Namibias. Der heißt Katutura, übersetzt: der Ort, wo wir nicht wohnen wollen. Der war eingerichtet worden zu Zeiten der Apartheid, in der man die schwarzen ›Eingeborenen‹ in Reservaten, Homelands, internierte.

Heute ist Katutura ein Magnet, 400 000 Menschen dürften hier leben. Lebendig ist der Ort, bei Tag und bei Nacht. Unverständlich, weil man nicht weiß, wie die Menschen dort ihr Leben fristen. Ich stand da im Gespräch mit drei Mädchen, fast jungen Frauen, vor ihrer Blechhütte. Ein ›child-headed household‹. Ein Kinderhaushalt. Die Mädchen hatten ihr Überleben organisiert, indem sie in einem Eisschrank selbstgemachte Cool Drinks stapelten und einen TV-Apparat aufgestellt hatten. So konnten sie Leute zum Fernsehen einladen und Getränke verkaufen. Um uns herum sammelte sich eine wachsende Schar von Kindern. Ein kleines Mädchen, das eine aus Abfällen gemachte Puppe in einem löchrigen Tuch umhertrug, wie es die Frauen mit ihren Kindern machen. Mal auf dem Rücken. Mal auf dem Arm.

Ich hielt mein iPhone in der Hand, um die Mädchen zu fotografieren. Plötzlich riss mir ein Junge, vielleicht 13 oder 14 Jahre alt, der von hinten an mich herangeschlichen war, das Telefon aus der Hand und raste davon. Ich hinterher, und schon während der ersten Meter war mir klar, dass ich es nicht schaffen würde. Aber ich gab nicht auf, während der Dieb im Zickzack-kurs zwischen überraschten Frauen und Kindern seinen Vorsprung vergrößerte. Irgendwann war er dann mit dem Gerät im Meer der Hütten verschwunden. Ich stand keuchend da und war nichts mehr als ein Bündel Atemlosigkeit. Natürlich hatte ich gewusst, dass ich ihm nicht würde folgen können, aber es war eine lebendige, direkte, schmerzliche Erfahrung.

Ich habe übrigens meine elektronische Macht nicht ausgespielt, die es mir erlaubt hätte, festzustellen, wo das Handy sich aufhielt. Die Suchfunktion ermöglicht das ja.

Die Hoffnung, dass man das Alter korrigieren kann, begleitet die Menschen wahrscheinlich schon immer. Lucas Cranach der Ältere hat 1546 ein Bild gemalt, in dessen Mitte ein viereckiges Bad zu sehen ist. Von links werden alte Frauen auf Karren, Gefährten, Tragen herbeigebracht, die von Altersschwäche gezeichnet sind. Sie steigen ins Wasser und verlassen es auf der anderen Seite als junge schöne Frauen, die zum Festzelt und zum Gastmahl eilen. Schon der Konquistador Juan Ponce de León hatte 1513 in Florida vergeblich nach dem verheißenen Jungbrunnen gesucht. Eine mythische Hoffnung. Dichter an den Realitäten des Lebens waren die vielen Versuche, die es seit der Antike bis zum Ende des Mittelalters gab, die Lebensalter in Bilder zu fassen. Die kreisförmige Anordnung, dem Rad der Fortuna nahe, stammt aus der Antike und findet sich als Rosette an vielen Kirchenfronten des Mittelalters. Die Lebensalter wurden in Allegorien eingebunden: Beliebt waren die drei Lebensalter, die den drei Heiligen Königen entsprachen: Kaspar, der Jüngling. Melchior, der reife Mann. Balthasar, der Greis. Die Lebensalter werden auch – nach alten Lehren – mit den vier Säften des menschlichen Körpers, mit den vier Temperamenten oder den vier Weltaltern in Verbindung gebracht. Sieben Lebensalter stehen zusammen mit den sieben Planeten oder den sieben Wochentagen.[41]

Das alles waren Versuche, den Lebenslauf in kosmische Zusammenhänge zu stellen, ihn mit den Rhythmen der Natur oder dem religiösen Weltbild in Verbindung zu bringen. Aus diesen Zusammenhängen erwuchs ein Bild dessen, wie das Leben sein sollte und wie das Alter zu verstehen war. Dieses kosmische Dach ist uns weggeweht, wir sitzen gewissermaßen metaphysisch im Freien. Das Alter findet nun statt in einem flexibilisierten, von Mythen und Rhythmen freigeräumten Areal. Das Alter findet keine Form mehr, in das es hineinwachsen könnte. Es ist ausgeliefert an eine Beliebigkeit, die sich als Freiheit ausgibt. Der Alte ist nun normalerweise ein Stadtbewohner, der erfüllt ist von ungestillten Bedürfnissen, abhängig von Supermärkten, Apotheken, Pflegeheimen, Ärztezentren und Reiseveranstaltern. Und der alte Mensch ist im Regelfall ein Vereinzelter. Das wird erst deutlich, wenn man

sieht, dass in vielen anderen Kulturen das Durchschreiten der Altersstufen meist ein kollektiver Prozess ist.[42]
Die Altersstufen sind dabei in der Regel durch markan-
te Übergänge und betonte Eigenarten gekennzeichnet.
Bei dem Hirtenvolk der Borana (Südäthiopien) zum
Beispiel ist das Leben gegliedert in fünf verschiedene
Altersstufen, die jeweils acht Jahre umfassen. Die aus-
scheidende Klasse gibt ihren Namen der eintretenden –
das heißt, alle 40 Jahre beginnt ein Klassenname auf
der untersten Stufe erneut den Aufstieg. Dass diese Ordnung nicht ohne Konflikte bleibt, ist klar. Wer nicht
in der richtigen Altersklasse ist, muss zölibatär leben,
weil die älteren Männer die Frauen und die Rinder mo-
nopolisieren.

Eine solche Ordnung des Lebens kann uns heute natürlich nicht Vorbild sein. Aber man kann sehen, wie
sich andere Gesellschaften, Stämme oder Völker darum
bemüht haben, den Lebenslauf zu rhythmisieren. Wir
haben uns von diesen drückenden Rhythmen und Vorschriften befreit, aber was ist an deren Stelle getreten?
Eine unbestimmte Freiheit, die von der Versuchung gekennzeichnet ist, die Bedeutungsleere des Alters durch
Beschäftigung zu übertönen.

Das gefährdet die Würde des Alters, weil sich die Menschen in einer von Jugendlichkeit, Beschleunigung
und Innovation beherrschten Gesellschaft tendenziell
krampfhaft darum bemühen, Schritt zu halten: im

Hinblick auf die Falten, die Fitness des Körpers und die Fitness im Umgang mit der Digitalität.

Das Lebenshaus, in dem das Altwerden stattfindet, ist ausgeräumt. Keine Vorbilder, an denen man sich orientieren kann. Und das ist eben der Augenblick, in dem man als alt Werdender schrecklich scheitern kann. Oder es ist der Moment, in dem einem aufgeht, dass in diesem leeren Haus, in dem wir wohnen, alles, aber auch alles gefunden werden kann. Keine Möbel, kein Gold, keine Schätze. Aber die absichtslose Schönheit des Lebens. Wie es dieses Gleichnis von Tschuang Tse erzählt: Der gelbe Kaiser »reiste nordwärts vom Roten See, bestieg den Berg Kun-lun und schaute gegen Süden. Auf der Heimfahrt verlor er seine Zauberperle. Er sandte Wissen aus, sie zu suchen, aber es fand sie nicht. Er sandte Klarsicht aus, sie zu suchen, aber sie fand sie nicht. Er sandte Redegewalt aus, sie zu suchen, aber sie fand sie nicht. Endlich sandte er Absichtslos aus, und es fand sie. ›Seltsam fürwahr‹, sprach der Kaiser, ›dass Absichtslos sie zu finden vermocht hat.‹«[43]

Das Altwerden ist kein letzter Leistungstest. Es ist die unendliche, vielfältige Möglichkeit, die geschenkt werden kann, wenn die Fenster des leeren Hauses weit geöffnet werden.

Im Grunde hat Rainer Maria Rilke es ausgedrückt, wie es besser nicht gesagt werden kann:

Ich möchte dich inständig bitten
So sehr ich kann
All dem gegenüber, was in deinem Herzen ungelöst ist,
geduldig zu sein und zu versuchen
die Fragen an sich zu lieben,
wie verschlossene Räume,
wie Bücher, die in einer sehr
fremden Sprache geschrieben sind.

Suche jetzt nicht nach den Antworten,
Die dir jetzt nicht gegeben werden können,
weil du nicht fähig wärst
sie zu leben.
Und es geht darum alles zu leben
Jetzt lebe die Fragen!
Vielleicht wirst du allmählich,
ohne es zu merken
eines fernen Tages
in die Antwort hineinwachsen.

Vielleicht ist das der Schlüssel? Die Fragen leben: Das ist der Jungbrunnen des Alters. Steige hinein, und du kommst jung wieder heraus.

»Spieglein, Spieglein an der Wand« – so fragt Schneewittchens Stiefmutter unermüdlich ihren Spiegel und erhält wie Peitschenschläge ins Gesicht immer dieselbe Antwort: »… aber Schneewittchen ist viel schöner als du …«

Dabei hatte ihr doch der Jäger Leber und Lunge der schönen Stieftochter gebracht, und sie, eine kannibalistische Mutter, hatte Leber und Lunge verspeist, um die Konkurrentin ganz sicher aus dem Weg zu wissen. Der Blick in den Spiegel wird ihr dennoch immer wieder zur Hinrichtung statt zur Aufrichtung, weil die jugendliche Schönheit Schneewittchens siegt.[44] »Der amerikanische Körper- und Schönheitskult macht Millionen Menschen verrückt, depressiv, unglücklich«, hat Margaux Hemingway geschrieben. Die 1954 geborene Enkelin des Schriftstellers und Nobelpreisträgers Ernest Hemingway war eine mäßig erfolgreiche Schauspielerin – aber sie war (wie es hieß) das »Gesicht ihrer Generation«. Als Model bekam sie für einen Vertrag mit Fabergé die damals unvorstellbar hohe Summe von einer Million Dollar. 1988 ließ sie sich in das Betty Ford Center einweisen, um eine Alkoholentziehungskur zu machen, die aber scheiterte. Sie schrieb: »Wenn ich mich im Spiegel sah, hatte ich das Gefühl, mich übergeben zu müssen. Was ich da sah, war ein Sack voller Fett und Dreck.« 1996 starb sie an einer Überdosis von Sedativa. Der Schönheitskult, der ja längst nicht mehr nur ein amerikanischer ist, wurde Margaux Hemingway, die ein Geschöpf, ein Aushängeschild und ein Opfer dieses Wahns wurde, zum Verhängnis. Und dieser Schönheitskult richtet mehr Menschen zugrunde, als wir uns vorstellen können. Was ist das für eine Schönheit, an die da geglaubt wird?

Wohl keine andere Kultur war von der Schönheit so fasziniert wie die griechische: Da ist die mythische Figur der schönen Helena, um die ein Krieg ausbricht, da ist das Urteil des Paris, der zwischen den drei schönsten Frauen wählen soll, und es gibt die Geschichte vom Hirtenknaben Ganymed, dem Schönsten aller Sterblichen, der von Zeus geliebt wird. Aber das Schöne (gr. kalos), das die Griechen in Statuen und Vasenmalereien in unendlicher Vielfalt darstellten, grenzte immer an das »Gute« (ein bis heute bekanntes Schlagwort war das *kalos kagathos*, die unauflösliche Verbindung des Guten und des Schönen). »Das Schöne« sei das »Ehrwürdigste, das Verehrteste und das Göttlichste von allem«, sagte der griechische Philosoph Isokrates.[45] Homer nennt nicht nur menschliche und göttliche Körper »schön«, sondern auch Tiere, Kleidung, Waffen, Bäume, Sterne. Aber das Schöne ist eben keineswegs das nur optisch Gefällige. Bei Sokrates ist das Schöne sogar dicht verwoben mit der Gerechtigkeit! In Platos berühmtem *Symposium* erzählt Sokrates von Diotima, einer weisen Frau aus Arkadien: Vom schönen Körper, so sagt sie, führt der Gedanke zur schönen Seele, zur schönen Handlung und zur schönen Erkenntnis. Die Schönheit ist, anders gesagt, ohne die Tugend gar nicht denkbar. Die Schönheit schöner Dinge lässt sich in Platos Philosophie ohne *die Idee* der Schönheit gar nicht begreifen. Bis in das Mittelalter hinein bleibt dieser Zusammenhang von »schön« und »gut« unverbrüchlich. Boethius hat in seiner berühmten Schrift *Der Trost der Philosophie*

diese Tradition noch einmal geradezu ekstatisch über-
höht formuliert. Und man muss bedenken, dass er, der
hohe Ämter im Reiche des Ostgotenkönigs Theoderich
bekleidet hatte, diese Schrift im Gefängnis geschrieben
hat, in dem er auf seine Hinrichtung wartete. Im Jahr
524 (oder 526) kam der Henker und bereitete seinem
Leben ein Ende. Boethius sagt: Gott ist *pulcherrimus*, ist
der Schönste, der im Geiste das Weltall trägt und dabei
seine Schönheit auf das Weltall abfärben lässt. ›Kosmos‹
heißt ja ›Schmuck‹, und unsere antiken Vorfahren haben im Kosmos eben das Schöne und das Gute zugleich
erkennen können.[46] Diese Schönheit besteht in Form
und Maß – die Kathedrale von Chartres kann als eine
Verkörperung dieser göttlichen Schönheit aufgefasst
werden, denn ihre Architektur ist mit der Metaphysik
von Maß, Zahl und Gewicht verbunden – und das ist
das Geheimnis ihrer Schönheit. Denn der menschliche
Architekt muss – so die mittelalterliche Auffassung – in
seinem Bauwerk die vollkommen schönen Proportio-
nen des Universums zu wiederholen versuchen.

Zurück zu Margaux Hemingway: Es ist wohl unser
zeitgenössisches Elend, dass der Begriff des Schönen
ganz auf die Oberflächenästhetik reduziert ist, dass
deshalb Verzweiflung auszubrechen droht, wenn diese Oberfläche durch Risse und Runzeln angekratzt ist.
»Germanys Next Topmodel«, die Heidi-Klum-Show, ist
gewissermaßen die erfolgreiche mediale Feier dieser
Oberflächenästhetik. Hier haben Fragen, die über die
Oberflächenästhetik hinausreichen, eigentlich keinen

Platz. Mager und extrem jung muss man sein. Und jeder muss wohl zugestehen, dass es fast unmöglich ist, sich der Faszination dieser äußeren Schönheit, die nach der inneren gar nicht mehr fragt, zu entziehen. Aber es sind nicht nur Miesepeter oder Verklemmte, die zu fragen wagen, ob das alles ist, was über Schönheit zu sagen ist.

Unter dem Druck dieser alles durchsäuernden Oberflächenästhetik gerät das Alter in Schwierigkeiten – denn da kann es nicht mithalten, sondern wird unausweichlich zu einem Fanal des Scheiterns: Jeder Blick in den Spiegel zeigt das erbarmungslos. Und erneut wird klar, wie aufregend es ist, alt zu werden oder: anzuschauen, was es heißt, alt zu werden. Lässt man sich auf die Oberflächlichkeit festnageln, hat man als Alter schon verloren. Unterzieht man sich der Anstrengung des Nachdenkens, kann man sehen, wie dumm und banal dieser Schönheitsbegriff ist. »Le beau est négatif« – das Schöne ist negativ, hat Paul Valéry gesagt: Man kann es nur erkennen, wenn man (zum Beispiel) zur Faszination jugendlicher Oberflächenschönheit auf Distanz geht und sich der Frage ausliefert, was denn wirklich Schönheit im Alter sein könnte. Es gilt, die immer gleichen grellfarbenen und dennoch farblosen Gesichter auf Illustrierten als Sprungbrett zu nutzen, von dem aus man den Flug in eine verborgene Schönheitsfreiheit versuchen kann. »Dummheit ist nicht meine Stärke«, lässt Paul Valéry seinen Herrn Teste sagen.[47] Wenn man als Alter die Schönheit entdecken will, dann muss man der Klugheit etwas abgewinnen können. Die Dummheit reiche so weit wie das Menschengeschlecht, meint Erasmus von Rotterdam. Das stimmt, und sie hat seit Erasmus wohl eher zugenommen. Die Dummheit hat sich unangreifbar gemacht. Sie suhlt sich in jenen Überlegenheitsgefühlen, die dann entstehen, wenn jemand im Schutz einer Partei, einer Nation, einer Sekte oder einer Kunstrichtung auftritt und dann »Wir« statt »Ich« sagen darf.[48]

»Altwerden ist das Schönste und das Dümmste, was einem passieren kann«: Der Satz gilt nur, wenn man den Begriff der Schönheit aus der Illustriertenecke hervorholt und von jener Schönheit spricht, die der Oberflächenästhetik entronnen ist. Und der Dummheit ist man keineswegs schicksalhaft ausgeliefert, denn die Dummheit verschwindet, wenn man sie nur anschaut …

KAPITEL 6

»Lesen Sie die Packungsbeilage!«

Die Medikalisierung und Entkörperung des Alters – und was man dagegen tun kann

Kommt man heute auf der Autobahn A3, die nach Frankfurt führt, an Limburg vorbei, kann man die Veränderung hautnah spüren: Der Blick fällt zuerst auf den Limburger Dom. Und dann auf das Krankenhaus, das hoch über Limburg auf einem Berg thront. Der Dom ist sicher eines der schönsten Bauwerke, das christliches Denken hervorgebracht hat. Eine unübertreffliche Konkretion des Glaubens, der das Abendland 2000 Jahre bestimmt hat. Der romanische Baukörper sitzt auf dem Boden wie eine Bäuerin auf dem Feld, und doch erhebt sich alles aus der Erde, weist zum Himmel. Wie stark muss dieses Bauwerk, erdverbunden und doch in jedem schweren Stein vergöttlicht, früher auf die Menschen gewirkt haben, die doch wohl eher aus Hütten und niedrigen Häuschen zum Kirchgang herbeikamen!

Lässt man dann den Blick über die Stadt schweifen, ist kaum zu übersehen, dass dem Dom heute ein Kontrapunkt entgegengesetzt ist. Höher als der Dom erhebt sich das städtische Krankenhaus über der Stadt. Und das bringt zum Ausdruck, was ist: Die Menschenströme haben nun eine andere Richtung genommen. In die Kirche gehen nur noch wenige, der wahre Wallfahrtsort ist nun das Krankenhaus. Während der Dom immer mehr zur viel fotografierten Touristenattraktion degeneriert, also der Anbetung und dem Verstehen zunehmend entzogen ist, richten sich die Hoffnungen der Menschen auf das funktionale, hässliche Krankenhausgebäude. Der Mensch liegt nicht mehr vor Gott auf den Knien, sondern in der Röhre, und der alles erkennende Blick Gottes weicht dem alles durchschauenden Blick der Computertomografie. Von den feierlich-farbigen Gewändern der Priester haben sich die Menschen abgewandt und unterwerfen sich den Verkündigungen der in weiße Kittel gekleideten Gesundheitsagenten. Weiß – die Farbe der Unschuld, die Farbe der durch die Taufe Verwandelten. In Weiß gehüllt, verkünden die medizinischen Experten jetzt ihre Urteile über Leben und Tod. Für die Betroffenen der Einlass in den Himmel oder die Verbannung in die Hölle. Das Besprechungszimmer verbindet konsequent Beichtstuhl und Weltgericht.

Die Hoffnungen der Menschen haben sich von der Kirche entfernt und der Gesundheit versprechenden Anstalt zugewandt, die dem Himmel näher scheint als der Dom. Im Dom hat jeder Stein, jede Wölbung, jedes Fenster, hat jedes Bild einen Sinn. Im Krankenhaus reihen sich die Fenster und Räume funktional aneinander, ihre Aufgabe gründet in ihrer Funktion. Weswegen ihre Gestalt sich von der einer Autofabrik, einer Hühnerproduktionsstätte oder einer Schweinemast nicht wirklich unterscheiden muss.

Die Kommune, die da zwischen diesen beiden Bauwerken liegt, hat sich dementsprechend gewandelt. Bis in jedes Haus reichte die Macht und die Botschaft der Kirche, Andachtsecken und Bibeln fanden sich in jedem Haus oder Häuschen. Heute hat der Gesundheitsapparat die Kommune im Griff. Die Zahl der Ärztezentren, der Apotheken, der Ambulanzen, der Pflegeeinrichtungen, der Tageskliniken ist Legion – und die Zahl der Gesundheitsgläubigen in der Kommune dürfte größer sein und ihre Gläubigkeit radikaler als zu Zeiten der Kirchenherrschaft. Ihre Andachtsecken sind das Apothekenschränkchen – und die *Apothekenrundschau* ersetzt die Bibel, ebenso wie die Gesundheitsnahrung die in der Messe ausgeteilte Oblate. Man trinkt die Gesundheit versprechenden Power-Shakes wie der Priester den gewandelten Wein, kniet auf der Fitnessmatte, und Abend für Abend wird den Gläubigen der alleinseligmachende Schnellsprech-Satz eingeschärft: »Lesen Sie die Packungsbeilage, und fragen Sie Ihren Arzt oder Apotheker.«

Die Macht der Gesundheitsindustrie ist heute größer, als es die Macht der Kirche je war. Sie hat eine Abhängigkeit erzeugt, von der die Kirche nur hat träumen können. Und sie ist ein Drogendealer. Die Menge der verbrauchten Medikamente steigt kontinuierlich, die Zahl der Tablettensüchtigen ebenfalls. Immer mehr Menschen betrachten ihren Körper offenbar als eine Art System, dem pharmazeutische Stoffe zugeführt werden müssen, um ihn funktionsfähig und leistungsfähig zu halten.

Die wichtigsten Abnehmer, die wichtigsten Kunden, die wahrhaft orthodoxen Klienten sind die Alten. Sieben Medikamente nehmen über 70-Jährige pro Tag durchschnittlich ein. Der Beipackzettel, würde er gelesen, könnte darüber belehren, wie viele Nebenwirkungen damit die Kehle hinunterwandern. Wie diese Arzneien untereinander wirken, was sie sich zuflüstern, wo sie schaden, weiß sowieso keiner. Man muss es ganz klar aussprechen: Die Alten sind Drogenabhängige. Nicht alle, aber viele.

So nehmen zum Beispiel mehr als zwei Millionen Menschen in Deutschland regelmäßig Schlaf- und Beruhigungsmittel ein, die meisten der Konsumenten sind ältere Patienten. Die wissen im Allgemeinen nicht, dass diese Tabletten süchtig machen und dass, wer diese Mittel über längere Zeit hinweg schluckt, ein erhöhtes Risiko eingeht, dement zu werden. Genommen werden diese Mittel, weil sie bei Schlafstörungen, Angstzuständen, Depressionen, Panikattacken, Krämpfen oder Muskelverspannungen helfen. Diese Mittel enthalten Benzodiazepine, und sie werden zum Beispiel unter so bekannten Namen wie Valium, Adumbran oder Tavor verkauft. Das Problem: Benzodiazepine machen innerhalb weniger Wochen süchtig. Wer die Medikamente wieder absetzen will, dem können massive Entzugserscheinungen drohen (von Angstzuständen mit Schweißausbrüchen und Panikattacken über Wahrnehmungsstörungen bis hin zu Suizidgedanken). Die amerikanische Organisation Public Citizen, die dem Verbraucherschutz verpflichtet ist, rät seit Jahren generell von einer Benzodiazepin-Einnahme ab. Jetzt schlagen sie noch aus einem anderen Grund Alarm: Menschen über 65 Jahre, die Benzodiazepine schlucken, haben einer neuen Studie zufolge ein drastisch höheres Risiko, an Demenz zu erkranken, als Senioren, die keines dieser Beruhigungsmittel einnehmen.[49]

Es ist ein Hand-in-Hand-Geschäft. Die Patienten, die nicht ohne Rezept aus der Praxis gehen wollen. Die Ärzte, die sich nolens volens als Dealer betätigen. Über das, was die Beschwerden, die Krankheiten, die Probleme ausgelöst hat, wird eher nicht gesprochen. Zu viel Zucker, zu wenig Bewegung, zu dick. Zivilisationskrankheiten aller Art. Wer es wissen will, kann es wissen. Dazu kommen die Einwirkungen einer belasteten und belastenden Umwelt, die man im Regelfall nur ahnen kann, wo kausale Zusammenhänge nicht nachzuweisen sind. Wer erkrankt oder stirbt an den Folgen von Tschernobyl, Fukushima, wer am Smog in den Städten, wer an Pestiziden? Wir lesen nur, dass die Zahl der Krebserkrankungen drastisch steigt. Die Verursacher haben kein Gesicht.

Und dann das, was man früher einmal Altersbeschwerden genannt hat. Einbußen, die das Alter nun einmal mit sich bringt, die weggemacht werden sollen. Wer sich dem dumpfen Brüten im Wartezimmer, dem Blättern in schaurigen Illustrierten, der Frage »Wann bin ich endlich dran?« aussetzt, sieht sich mit einem unerfreulichen Ritual konfrontiert. So manch kleines Leiden scheint es kaum wert, sich diesem neuen Elend zu unterwerfen. Allein die Heerscharen abweisender, unfreundlicher Frauen hinter dem Anmeldungstresen im Ärztezentrum! Sie vermitteln den Patienten den Eindruck, lästig zu sein, als sei der Empfang bei Frau Doktor ein Gnadenakt, auf den man gefälligst geduldig zu warten habe. Widerspruch ist zwecklos. »Füllen Sie erst mal das Formular aus!« Der alte Mann, der sich dieser Zumutung ängstlich beugt, die alte türkische Frau im wallenden schwarzen Gewand, die energisch und hilflos zugleich ihre Anmeldung vollzieht. Mich wundert, dass es da nicht zu mehr Ausschreitungen oder Wutanfällen, zu mehr Gewalt kommt. Und alle sind überlastet: die Wartenden, denen im Grunde der Schaum vor dem Mund steht. Die Mediziner, die sich durch die Patienten zappen, den Abrechnungsdruck im

Hinterkopf. Die Frauen hinter dem Tresen, die, großem Druck ausgesetzt, den Druck weitergeben und – wie sie da hinter der Barriere hocken – wie die letzten Ausläufer gestrenger Kammerdiener eine Audienz beim Kaiser vermitteln oder versagen können.

Ich werde den Verdacht nicht los, dass die Alten vor allem an diesem Ort sind, weil sie meinen, hier das zu bekommen, was ihnen sonst fehlt oder vorenthalten wird: dass ihnen einer zuhört (wenn auch nur Sekunden oder Minuten). Dass sie einer anschaut und berührt (wenn auch nur mit dem Stethoskop). Dass ihnen einer etwas gibt, und wenn es auch nur Tabletten sind. Dass einer sich für das missglückte Leben interessiert, für die Einsamkeit, für die Schlaflosigkeit, für die Traurigkeit.

Noch immer gelingt es, den Blick auf die Jugend als Nutzer von illegalen Drogen zu lenken, während sich in der Mitte der Gesellschaft, bei der grauhaarigen Mehrheit, das Drogenthema hat fest einsiedeln können. Die großen Zuwächse in der ärztlichen Distribution finden sich ja schon lange nicht mehr in der Behandlung organischer Leiden. Stattdessen geht es zunehmend um psychosoziale Zustände, die in die Praxen getragen werden und dort mit Chemikalien traktiert werden:

- Wir lassen uns dort helfen, zu schlafen oder wach zu bleiben.

- Wir lassen dort unseren Appetit stimulieren oder begrenzen.
- Wir lassen dort unseren Energiepegel erhöhen oder senken.
- Wir lassen dort unsere Depression dämpfen oder unsere Interessen aktivieren.
- Wir lassen unsere Gedächtnisfähigkeit dort verbessern, unsere Intelligenz optimieren.[50]

Und damit nicht genug: Schon in den Siebzigerjahren verkündigte ein ehemaliger hoher Beamter der U.S. Food and Drug Administration: »Wir werden neue Drogen haben, die zielgenauer sind, spezifischer und wirkungsvoller als alles, was uns heute zur Verfügung steht. Und die sind für Menschen, die wir im Allgemeinen als gesund betrachten würden.«[51] Längst sind sie nun da, die legalen Drogen der Leistungsgesellschaft, mit denen Jung und Alt so lange wie möglich an Bord der Leistungsgesellschaft gehalten werden sollen.

Die Medizin hat im Leben der alten Menschen die Religion abgelöst: Sie ist Tröster in allen somatischen und psychischen Leiden, sie ist Kontrolleur des richtigen Lebens, von ihr verspricht man sich ein langes Leben, die Linderung von Schwächen und am Ende Erlösung von unerträglichem Leiden. *Healthism* heißt diese Religion im Englischen, und in diesem Wort lässt sich die innerweltliche Religion gut fassen. Sie verspricht seliges, wenn auch nicht ewiges Leben allen, die sich an ihre Gesetze halten, die ihr Opfer bringen, die in der Anbetung nicht nachlassen und ihre weißgekittelten Priester ehren.

Der Gesundheitsapparat, der medizinisch-pharmazeutische Komplex, ist die Religion der Leistungsgesellschaft, der die Leistungssubjekte in der Spur halten soll (was ihm immer weniger zu gelingen scheint), der sie in Krisen stützt, Dämonen austreibt, Religionskriege führt (den Krieg gegen Ansteckungskrankheiten oder den »war on cancer«, der alle Züge eines Kreuzzuges angenommen hat).

Johann Wolfgang Goethe hat es geahnt: Er fürchtete bereits, dass sich die gesamte moderne Welt in eine medizinische Institution verwandeln könne. Und tatsächlich sind wir auf dem Weg dahin: Das Krankenhaus ist die Nachfolgerin der Kirche. Die Ärzteschaft hat das Priestertum abgelöst. Ohne den Gesundheitsapparat fühlen sich die Menschen in der Wildnis ausgesetzt. Und die Leistungsgesellschaft ist gar nicht denkbar ohne die Begleitflotten des medizinisch-pflegerischen Komplexes. Sie richtet die unter der Last der Anforderungen Stolpernden auf, sie hält die Schleudernden in der Spur. Zur Disziplinargesellschaft, die vergangen ist, gehörte der eher bärbeißige Gott in Weiß, den man in seiner Praxis aufsuchte, wo metallene Schränke auf glänzendem Linoleum standen, wo es klapperte und nach Karbol roch. Heute sind die Ärzteteams flexibilisiert wie alles, man trägt sogar eher ein Team-T-Shirt. Der Blick gilt nicht dem Patienten, sondern dem Bildschirm, auf dem die zuvor von Helferinnen erhobenen Werte versammelt sind. Der Patient ist eine Ansammlung verschiedener beruhigender oder beunruhigender Werte: Im Grunde nähert sich das, was über den Patienten zu sagen ist, dem, was ein Blick auf die Börsenkurse enthüllt. Auf oder ab? Hausse oder Baisse? Wer die Börsenkurven lesen kann, der kann im Prinzip auch die Patientenkurven lesen. Auf dem Bildschirm verschwimmen die Unterschiede zwischen dem ärztlich untersuchten Leistungssubjekt und der Entwicklung des DAX.

Und das ist erst der Anfang. Die Gesundheitsindustrie und ihr Umfeld geben sich längst nicht mehr nur mit der Behandlung von Krankheiten und Altersbeschwerden zufrieden. Sie schreiben sich mehr und mehr den Kampf gegen das Altwerden auf die Fahnen. Unter der Überschrift »Anti-Aging« ist ein medizinisch-pharmazeutisch-kosmetischer Komplex entstanden, der den Krieg gegen das Altern zu führen verspricht. Aubrey D. N. J. de Grey, ein Exponent der Anti-Aging-Industrie, hat gesagt: »Altern ist wirklich barbarisch. Es sollte nicht erlaubt sein.«[52] Alt werden, so soll man hören, ist ein unwürdiger Vorgang, den es zu bekämpfen gilt wie die Pest. Die Schriftstellerin Monika Maron hat die Erwartungen so formuliert: »Natürlich will ich, was alle wollen: Ich will lange leben; und natürlich will ich nicht, was alle nicht wollen: Ich will nicht alt werden …

Ich würde ... auf das Alter lieber verzichten. Einmal bis fünfundvierzig und ab dann pendeln zwischen Mitte Dreißig ... und Mitte Vierzig, bis die Jahre abgelaufen sind; so hätte ich die mir zustehende Zeit gerne in Anspruch genommen.«[53]

Auf den ersten Blick: Wer würde da nicht zustimmen? Weg mit dem barbarischen Alter! Und ich kann die Empörung verstehen, die sich auflehnt gegen diese unbarmherzigen Prozesse des Verfalls, die durch nichts schöngeredet werden können. Aber dem gilt es, denke ich, einen Altersrealismus entgegenzusetzen. Die Anti-Aging-Industrie versucht, uns Älteren den Blick auf das zu verstellen, was ist. Es geht nicht um eine erzwungene Anpassung an den Niedergang, den man dann auch noch schön finden soll oder den man akzeptieren soll oder in den man sich fügen soll. Es geht ganz realistisch darum, die Lebensphase des Alters nicht zu verschütten, indem man sie leugnet. Hermann Hesse hat gesagt: »Um als Alter seinen Sinn zu erfüllen und seiner Aufgabe gerecht zu werden, muß man mit dem Alter und allem, was es mit sich bringt, einverstanden sein, man muß Ja dazu sagen. Ohne dieses Ja, ohne die Hingabe an das, was die Natur von uns fordert, geht uns der Wert und Sinn unserer Tage – wir mögen alt oder jung sein – verloren, und wir betrügen das Leben.«[54] Hesse erzählt, wie er in seinem Garten steht und ein Feuer brennen lässt, das er mit Laub und dürren Zweigen speist. Eine 80-jährige Frau kommt an der Weißdornhecke vorbei, bleibt stehen und sieht ihm zu. Er grüßt, sie lacht und sagt: »Sie haben ganz recht mit Ihrem Feuerchen. Man muß sich in unserem Alter so allmählich mit der Hölle anfreunden.« Im Ton des Spaßes tauschen sie sich über die Leiden und Entbehrungen, die das Alter mit sich bringt, aus. Und sie einigen sich darüber, dass angesichts der Hundertjährigen, die im Dorf lebt, man doch noch gar nicht alt sei. Die Szene spricht von einer möglichen Heiterkeit des Alters, die realistisch ist, die das Alter nicht leugnet, die sich nicht zu betrügen versucht, sondern die Relativität der Zeit und des Alters augenzwinkernd zu Protokoll gibt.

Ich erinnere mich, dass ich anlässlich eines Vortrags auf dem Katholikentag in Regensburg den Hallen-Organisator fragte, wie lange ich denn nach dem Vortrag zum Bahnhof brauchen werde, um meinen Zug zu bekommen. Normalerweise, so sagte er, 20 Minuten, aber Sie werden 40 brauchen. Da ich nicht mit dem Rollator unterwegs bin und ich gerade eine überaus anstrengende Gebirgstour hinter mir hatte, war ich zunächst verblüfft, spürte den Versuch der Abwertung und die kaum verhohlene Aggressivität. Erst eine Weile später sprach ich ihn darauf an, bekam aber nur ein mürrisches Gemurmel zurück. Ich habe es in den 20 Minuten zum Zug geschafft, mich aber gefragt, was das war. Wahrscheinlich geschieht es nicht selten, dass etwas, was wie Fürsorge daherkommt, aggressive Aspekte hat – und den Betroffenen zumindest in eine Sofaecke zu drücken versucht. »Wenn die ganz jungen Leute mit der Überlegenheit ihrer Kraft und ihrer Ahnungslosigkeit hinter uns her lachen und unsern beschwerlichen Gang, unsere paar weißen Haare und unsre sehnigen Hälse komisch finden, dann erinnern wir uns daran, wie wir einst, im Besitz der gleichen Kraft und Ahnungslosigkeit ebenfalls gelächelt haben, und kommen uns nicht unterlegen und besiegt vor, sondern freuen uns darüber, daß wir dieser Lebensstufe entwachsen und ein klein wenig klüger und duldsamer geworden sind.« (Hermann Hesse)[55]

Alt werden ist heute deswegen bedroht und schwierig, weil die heimliche Botschaft lautet: Versuche dich als junger Mensch gewissermaßen »einfrieren« zu lassen. Dann bleibe auf diesem Stand, bis dich ein hoffentlich plötzlicher Tod hinwegrafft. Das scheint der Irrweg vieler älter Werdender zu sein: sich um fast jeden Preis an die vergehende Jugendlichkeit zu klammern, sich um das Alter herumzudrücken – und damit wesentlich einer Illusion zu huldigen, von der man doch unablässig weiß, dass sie eine Illusion ist. Altersrealismus hieße demgegenüber: hinschauen, nicht wegschauen. Begreifen, dass das Alter mit einer Radikalisierung der Grundbedingungen des Menschseins konfrontiert: Verletzlichkeit, Leidbedrohtheit und Schutzlosigkeit gehören zum Leben dazu, aber sie treten im Alter deutlicher in den Vordergrund. Die Vergegenwärtigung der Endlichkeit des Lebens erlaubt es, im Alter »das menschlich Wichtige vom vielen Unwichtigen in einem klärenden Rückblick dauernd zu unterscheiden«, hat der Theologe Thomas Rentsch gesagt.[56] Das ist natürlich keine

Beschreibung der gegenwärtigen Realität, sondern eine Hoffnung, eine Herausforderung, an der man scheitern kann.

Herr Palomar ist eine Figur, die sich der italienische Schriftsteller Italo Calvino ausgedacht hat. Herr Palomar ist ein Betrachter. Ein Betrachter der Gestirne zum Beispiel, und Herr Palomar beneidet zugleich die Menschen, die mit sich im Einklang leben. Er möchte sich mit der ihm nächsten Menschheit ebenso gut in Einklang bringen wie mit dem fernsten Spiralnebel im System der Galaxien. Als er die Gestirne betrachtet, hat er sich daran gewöhnt, sich selbst als einen anonymen und körperlosen Punkt zu betrachten.[57] Er hat sich zu den Galaxien geflüchtet und begreift irgendwann, dass er besser damit begonnen hätte, seinen inneren Frieden zu finden. Er beschließt: »Er wird sich von nun an der Selbsterkenntnis widmen, die eigene innere Geographie erkunden, das Diagramm seiner Seelenregungen aufzeichnen … er wird sein Teleskop auf die Kreisbahnen richten, die der Lauf seines Lebens zeichnet, statt auf die der Sternbilder. Wir erkennen nichts, was außer uns ist, wenn wir uns selbst überspringen – denkt er jetzt – das Universum ist ein Spiegel, in dem wir nur das betrachten können, was wir gelernt haben, in uns selbst zu erkennen. So vollendet sich nun auch diese neue Phase seiner Wanderung auf der Suche nach Weisheit. Endlich wird er den Blick ins eigene Innere richten können.«[58]

Es ist dies ein Kommentar zu dem, was Altersweisheit sein könnte. Der Blick in den Sternenhimmel, in den Kosmos, gehört dazu, macht aber nur Sinn, wenn sich der Weg in das eigene Innere anschließt.

Das ist der Kontrapunkt zu einer Sicht, wie sie uns als Kunden der Gesundheitsindustrie eingetrichtert wird. Man kann sagen: Die alt Werdenden verfangen sich und zappeln in den Netzen der Gesundheitsindustrie und werden auf diese Weise von der Möglichkeit abgelenkt, das Alter als ein großes, schönes Areal der Selbsterkenntnis zu erfahren. Statt der Forschungsreise zu sich wählen sie die touristische oder eben medizinische Zerstreuung.

»Denn das Lechzen nach immer mehr und immer kritischer geprüfter medikalisierter Lebenshilfe untergräbt würdiges, sinnvolles Leben, Leiden und Sterben«[59], schreibt Ivan Illich. Mediziner werden immer mehr zu »Managern des Lebens« und die Alten zu fügsamen Kleinsystemen, die sich managen lassen. Sie lernen, sich als eine Akkumulation von Messwerten zu begreifen. Die Patienten leben ihre eigene Krankentabelle beziehungsweise lassen sich reduzieren auf die Werte, die der Computer im Ärztezentrum ausdruckt.[60] Und das entreißt ihnen die Möglichkeit, das Alter zu leben. Die Alten sind heute besonders begierig, ihren Körper als ein System zu begreifen, das man mit Diagnosen und Therapien überwachen muss. Der Leib ist verschwunden, an seine Stelle ist ein System getreten, das man mit Messungen aller Art und Werten verschiedener Dimensionen erfassen und wie eine erforschte Kolonie abschreiten und kontrollieren kann. Das gewinnt manchmal die Züge einer geradezu religiös zelebrierten Ideologie: Das Risikobewusstsein veranlasst die zu Datenaggregaten heruntergekommenen Körper zur ständigen Selbstbeobachtung: Ertaste deine Brust oder die Stelle zwischen deinen Beinen, damit du früh genug zum Arzt gehen und dein Krebsrisiko bestimmen lassen kannst. »Warum ist das ›Risiko‹ so entkörpernd? Weil es ein rein statistisches Konzept ist. Es bedeutet, dass ich mich jedes Mal, wenn ich an Risiko denke, in eine Grundgesamtheit einreihe, für die gewisse Ereignisse, zukünftige Ereignisse, berechnet werden können. Das lädt ein zur intensiven Selbst-Verrechnung, die nicht nur entkörpert, sondern mich selbst auf verrückte Weise konkretisiert und reduziert, indem ich zu einem Punkt auf einer mathematische Kurve werde.«[61]

Prozesse, die bisher als »natürlich« angesehen wurden, weil sie zum Altwerden gehören, geraten nun unter die Fuchtel medizinischer Interventionen und Anti-Aging-Angebote. Falten, Hängebrüste, Haarausfall, alles wird zum Betreuungs- und Behandlungsthema. Und es wird immer schwieriger, sich diesen Zumutungen zu entziehen. Eine Millionen zählende Gruppe von Klienten wird entdeckt und dazu verlockt, das Altwerden als behandlungsbedürftig anzusehen. Das hat übrigens seine direkte Parallele im Umgang mit der Geburt und den ersten Lebensmonaten, die auch zu einem Areal ständiger Kontrolle und Überwachung geworden sind.

Ilya Metchnikoff, ein Pionier der Alternsforschung, hat diese Rattenfängermelodie schon früh vorgesungen. Es sei ein Irrtum, das Altern als ein physiologisches Phänomen zu deuten. Man könne das zwar für normal halten, weil ja jeder altert. Aber das gelte nur, wenn man die Schmerzen bei einer Geburt als normal ansieht, die aber anästhetisch gemildert werden können. Tatsächlich sei das Altern eine chronische Krankheit, für die ein Heilmittel zu finden schwierig sei. Das aber müsse das Ziel der Altersmedizin sein.[62] Man sieht: Eine Jugendgesellschaft kann wohl gar nicht anders, sie muss das Altern als Krankheit definieren. Und damit eröffnet das Altwerden natürlich auch ein interessantes Geschäftsfeld. Gleichzeitig kann man diese lukrative Medikalisierung des Alters als einen Prozess verstehen, der die alt Gewordenen zu einer behandlungsbedürftigen Sondergruppe ernennt, die nicht wirklich zur Leistungsgesellschaft gehört. Die Leistungsgesellschaft, die eine Gesundheitsgesellschaft ist, tritt auf als Helfer. Aber sie macht die Alten zu Kunden einer versorgenden Dienstleistungsgesellschaft – was im Grunde eine Form der Endlagerung ist.

Die Medikalisierung des Alters hat eine ganze Industrie aufblühen lassen, die erfolgreich verhindert,

- dass der Einzelne darüber nachdenken kann, was Altern ist,
- dass die Gesellschaft sich darüber Gedanken macht, was die vielen Alten in dieser Gesellschaft eigentlich sollen.

Je besser es gelingt, das Alter als eine Art Krankheit zu definieren, desto weniger sind die Alten ein Thema der Gesellschaft. Das ist praktisch, aber eiskalt. Die Krankenversicherung reicht eigentlich als Instrument der Integration alter Menschen. Das nennt man dann noch »sorgende Gesellschaft«, und fertig ist das Thema Alter und Gesellschaft. Solange die Apotheken und Ärztezentren ihre Dienste leisten, muss sich niemand über das Alter und das Altern Gedanken machen.

In den letzten 50 Jahren – grob gesagt – ist die Medikalisierung der Gesellschaft über uns hergefallen. Sie ist eine notwendige Begleiterscheinung der Leistungsgesellschaft, die aus einem jeden versucht herauszuholen, was herauszuholen ist. Nicht mehr in Befehl-und-Gehorsamsketten (wie in der verschwundenen Disziplinargesellschaft) ist das Individuum eingespannt (in der Familie, in der Schule, in der Arbeitswelt), vielmehr steht die Selbstoptimierung auf der Tagesordnung. An die innersten Quellen der Person aber kommt das autoritäre Instrumentarium nicht heran, um die Ressourcen anzapfen zu können. So buhlt es um die Kooperation des Einzelnen, dem nichts bleibt außer der

Selbsterforschung seines eigenen, nicht erzwungenen Engagements.

Aber es erhebt sich wie ein Ungeheuer aus den Tiefen der Gesellschaft eine gefährliche Frage: Nachdem das Alter erfolgreich medikalisiert worden ist (und das ging nur, weil die alten Zufriedenheiten und Einbettungen des Alters verschwunden sind), gerät das System an seine Grenzen. Wer soll das alles bezahlen? Das Management des medikalisierten Alters verlangt nach einer Deckelung. Erst sind die Alten abhängig gemacht worden von der Gesundheitsindustrie, nun heißt es immer öfter: Die Droge ist nicht mehr bezahlbar. Befreiung ist – wie bei allen Drogenabhängigen – schwierig. Ein schlichtes »Nein danke!« würde genügen, aber das ist schwer geworden, weil man das Gefühl hat, plötzlich allein auf weiter Flur zu stehen.

KAPITEL 7

Ich kaufe, also bin ich

Alte Kunden zwischen Verführung und Verantwortung

»Maßvoll angenehme, durchaus erträgliche, leidliche, laue Tage eines älteren unzufriedenen Herrn. Tage ohne besondere Schmerzen, ohne besondere Sorgen, ohne eigentlichen Kummer, ohne Verzweiflung, Tage, an welchen selbst die Frage, ob es nicht an der Zeit sei, dem Beispiele Adalbert Stifters zu folgen und beim Rasieren zu verunglücken, ohne Aufregung oder Angstgefühle sachlich und ruhig erwogen wird.« So spricht der Steppenwolf in Hermann Hesses wohl radikalstem Werk.[63] Adalbert Stifter hatte sich die Halsschlagader mit einem Rasiermesser aufgeschnitten. Er, der Steppenwolf, sieht sich inmitten der »zerstörten und von Aktiengesellschaften ausgesogenen Erde«, ekelt sich vor der schläfrigen Zufriedenheit, der fetten, gedeihlichen Zucht des Mittelmäßigen, Normalen, Durchschnittlichen. Vor dem Bett, in dem die wie ein Köder ausgelegte Wärmflasche lockt, flieht er in die Nacht. »Es brennt alsdann in mir eine wilde Begierde nach starken Gefühlen, nach Sensationen, eine Wut auf dies abgetönte, flache, normalisierte und sterilisierte Leben und eine rasende Lust, irgendetwas kaputtzuschlagen, etwa ein Warenhaus oder eine Kathedrale oder mich selbst.«

Wilde Begierden, starke Gefühle – steht das den alt Gewordenen überhaupt zu? Sollen die nicht lieber ruhig und brav auf der Bank sitzen, beschaulich, wartend? Dass es ein Aufbegehren gibt, zeigt der Erfolg jenes Buches, das da heißt: *Nein! Ich will keinen Seniorenteller*. Das Friedhofsgemüse, wie die Nationalsozialisten sie genannt haben, begehrt auf (»denen der Kalk aus der Hose rieselt …«, wie es in der Hitlerjugend hieß).

Der alles überwuchernde Konsumismus ist wie ein Leichentuch, das Leben erstickt. Heute ist im Bereich des Konsums eine Gleichstellung von Jung und Alt erreicht, man könnte auch sagen: eine Gleichschaltung. Wilde Begierden? Starke Gefühle? Die höchste Lust, so möchte man mancherorts meinen, gilt dem Bummel durch die Einkaufsmeile. Ist es tatsächlich gelungen, die wilden Begierden so zu kanalisieren, dass sie sich allenfalls noch in der Umkleidekabine abspielen? Der letzte Orgasmus im verschwitzten Kabuff, wenn die neue Winterjacke anprobiert wird? Hoffnungslust in der Apotheke? (»So werden Sie in zehn Tagen um zwanzig Jahre jünger!«) Wie verbirgt man das verwelkte Fleisch am geschicktesten? Wie lässt es sich glätten? Solange wir uns in Kaufakten – und das können Waren oder Dienstleistungen sein – narkotisieren, bleibt die Frage nach dem Sinn, nach der Leidenschaft, nach der Begierde, kurz: die Frage nach dem *Leben*, abgedunkelt. Der Konsum macht uns alle gleich, ob Jung oder Alt, ob Mann oder Frau, er schläfert uns ein, bringt noch jede Sehnsucht nach wilder Begierde oder starken Gefühlen zum Verschwinden. *Greedy geezers* heißt es im Angelsächsischen. Gierige Greise. Inbegriff des misslungenen Lebens. Tatsächlich ist ein schwieriger Balanceakt gefordert: Es muss ja doch im Alter endlich, endlich um Gelassenheit und Nachdenklichkeit gehen. Die kann sich aber gerade paradox mit großer Leidenschaft und starken Gefühlen verbinden. Die Gelassenheit ist nicht gleichgültige Schläfrigkeit und die Nachdenklichkeit nicht greisenhafte Bequemlichkeit. Haarscharf neben den starken Gefühlen, um die es auch und gerade im Alter geht, lauert die Lebensgier, die Lebensfresserei. Wenn die alt Gewordenen auf die konsumistische Langeweile beschränkt werden, dann wird das Alter zum Vorhof des Todes, auf dem man sich schon in die Leichenstarre einüben kann.

Die alt Gewordenen sind heute erfolgreich zu harmlosen Mitläufern im Konsumrausch domestiziert worden. Keine Bedrohung geht von ihnen aus, keine Aufsässigkeit, kein Zorn. (In Frankfurt hat sich gegen den

Mainstream schwimmend ZAK gegründet: Zornige Alte Knacker. Leider ein Randphänomen.) Unsere Vorfahren haben die alt Gewordenen auch immer als ein bisschen gefährlich angesehen. Kinder sollten nicht bei den Alten schlafen, weil die sich am Leben der Jungen stärken. Aberglaube natürlich. Aber es zittert in solchen Geschichten etwas nach von der Spannung zwischen den Generationen. »Alte Weiber« galten seit dem 14. Jahrhundert als Traumdeuterinnen, als Wahrsagerinnen auch, weil sie als kenntnisreich und gefährlich wahrgenommen wurden. Die alten Frauen wurden in manchen Regionen vom Wochenbett ängstlich ferngehalten, und es hieß: Begegnet man morgens einem alten Weib, kommt ein Unglück. In der Fastenzeit wurde – auch dies ein alter Brauch – eine Strohpuppe, des Teufels Großmutter, an einem Tag in der Fastenzeit verbrannt. In Kärnten wurde von dämonischen Gestalten erzählt, alten riesenhaften Männern mit weißen Bärten und Wetterhut, in grünen Strümpfen, die Wetter machen und verwandeln können. Und am Rhein sah man im Schneefall den Staub, der aufgewirbelt wird, wenn die alten Frauen *(de al weiwer)* im Himmel ihre Röcke ausschütteln.[64]

Der Aberglaube ist weggeschmolzen. Dass sie zu viel wissen könnten, dass sie über besondere Kräfte verfügen könnten, dass ihre Nähe zum Tod sie auch unheimlich macht, davon ist nichts geblieben. An ihre Stelle sind die harmlosen Alten getreten, die brav im Mainstream des Konsumismus mitschwimmen und in denen niemand starke Gefühle oder wilde Begierden mehr erwartet. Kommt das vor, dass eine alte Dame oder ein alter Herr im Café urplötzlich in die Sahnetorte schlägt und schreit: Altwerden ist eine Schweinerei? Wo bleibt das Leben? Was mache ich mit meiner Leidenschaft? So jemand hätte garantiert bald Beruhigungstabletten in der Tasche oder würde als dement diagnostiziert. Wer nicht mitmacht, muss verrückt sein. Hermann Hesses Steppenwolf irrt durch die Stadt und trifft schließlich auf ein »Magisches Theater«, er liest: »Nicht für jedermann – *nur für Verrückte*«. Vielleicht ist das ein bedeutender, bisher übersehener Beitrag zum Thema Demenz?

Eine Pfarrerin erzählt vom Gottesdienst: Während ihrer Predigt steht ein Mann auf, zieht eine Zigarette aus der Packung und geht in den Altarraum, um sich an der Altarkerze eine Zigarette anzuzünden. Schön verrückt. Verrückt ist auch jener sterbende alte Priester, der auf der Intensivstation liegt, von Monitoren umgeben, Schläuchen, die in seinen Körper eingeführt sind – und der das alles abreißt und schreit: »Ich werde um meinen Tod betrogen!«

Die Sache mit der Verfallenheit an den Verbrauch hat bei alten Menschen noch einen anderen Aspekt. In den Tiefkühlschränken im Supermarkt prüfen sie geflissentlich das Verfallsdatum. Und vielleicht fragt sich der ein oder andre dabei, ob er selber ein unsichtbares Ablaufdatum auf der Schulter trägt … Dass wir uns selbst als Produkt ansehen, dessen Tage gezählt sind, entspricht lediglich unserer konsumistischen Grundeinstellung. Und die wiederum befördert, dass sich das Thema Sterbehilfe wie ein anschwellender Bocksgesang in den öffentlichen Diskussionen durchsetzt. Wenn ich nicht mehr so funktioniere, wie ich das erwarte und gewohnt bin, dann soll Schluss sein, dann folgt als letzter Verbrauchs- beziehungsweise Kaufakt die medizinische Dienstleistung Sterben. Ich kaufe, also bin ich. Heißt ja umgekehrt: Wenn ich nicht mehr kaufen kann, dann bin ich auch nicht mehr. Dann kaufe ich mir als Letztes den Medizid, den Tod aus der Hand des medizinischen Experten.

Der Nützlichkeitsimperativ, so zeigt sich, ist in uns eingewandert. Wir sind aufgefordert, den Grenznutzen unseres Lebens zu überwachen. Das Leben ist ein Ein-Sterne-Restaurant. Nach dem letzten Gang wird abgeräumt.

Unser Alltag trägt immer mehr neoliberale Züge. Und das gilt auch für Sterben und Tod. Wir sollen in der modernen Leistungsgesellschaft zu Unternehmern unserer selbst werden. Entsprechend heißt der neueste Trend: Organisiere deinen letzten Lebensabschnitt, erwäge die Selbstabschaltung. Dabei wird auf den berühmten Satz des griechischen Philosophen Epikur, den er in einem Brief an Menoikeus formuliert hat, zurückgegriffen: »Wie er (der Weise) bei der Speise nicht einfach die größte Menge vorzieht, sondern das Wohlschmeckendste, so wird er auch nicht eine möglichst lange, sondern eine möglichst angenehme Zeit zu genießen trachten.« Nicht die Länge des Lebens, sondern der Genuss des Lebens ist für Epikur entscheidend; wenn der Genuss nicht mehr gegeben ist, hält der Weise nicht länger am Leben fest. Angesichts einer hochtechnisierten Medizin fürchten viele, am Leben gehalten zu werden, obwohl sie das nicht wollen. Aber der Satz des Epikur kommt heute sehr gelegen, um den Medizid, der um sich greift, zu legitimieren. Medizid, das ist die Tötung durch medizinische Experten, die (wie alle wissen) auch in Deutschland stillschweigend, zum Beispiel als terminale Sedierung, längst da ist. Es geht nicht mehr um die Frage, ob ein Mensch seinem Leben, das er nicht mehr erträgt, ein Ende bereiten will. Das gab es immer, und niemand hat das Recht, das zu untersagen. Aber gegenwärtig – und da ist der philosophische Deckmantel, für den Epikur in Anspruch genommen wird, willkommen – gerät die teure Langlebigkeit der Hochbetagten ins Visier. Schritte, die auf eine Entsorgung zielen, sind kaum noch zu übersehen: Rationierung von medizinischen Leistungen, Fallpauschalen am Sterbebett, Patientenverfügungen als Voraussetzung für die Aufnahme ins Pflegeheim. Tatsächlich geht es längst nicht mehr um ein Zuviel an medizinischen Leistungen, sondern um die Deckelung des Lebens. Da kommt eine philosophische Verbrämung à la Epikur gelegen. Und schon wird eifrig die Patientenverfügung ausgefüllt. Es ist nicht das autonome Individuum, das souverän oder verzweifelt seinem Leben ein Ende setzt. In Mode kommt die Tötungsdienstleistung, die beim medizinischen Fachpersonal eingekauft werden kann.

Schritt um Schritt fallen die Tabus, die einer modernisierten Dienstleistungs-Euthanasie noch im Wege stehen. Eine neue kassenärztliche Gebührenordnung führt gerade die Abrechnung von Sterbeminuten ein. Was als palliative Sorge auf den Weg kam, droht zur Sterbeindustrie zu werden, die – standardisiert und qualitätskontrolliert – ein modernes Sterben anbietet und organisiert. Dem fehlt heute noch als i-Tüpfelchen das Angebot einer einvernehmlichen Abschaltung. Keine Angst – das kommt. Bei unseren Nachbarn in Belgien und den Niederlanden ist das schon da. Gerade ist in Belgien sogar die Euthanasie an Kindern legalisiert worden.

Die Alten finden sich jedenfalls wieder einmal in einer merkwürdigen Doppelrolle vor. Sie sind umworbene Kunden, besonders der Bekleidungs-, Gesundheits- und Freizeitindustrie. Aber auf eine merkwürdige Weise sind sie auch ›Ware‹. Es gibt geradezu eine Schlacht um die Alten als Versorgungsfälle. Die Anbieter konkurrieren um die ambulanten und stationären ›Fälle‹. Komplizierte Fälle – so kann man lesen – werden manchmal geradezu verkauft, weil an ihnen besonders gut und langfristig verdient werden kann. Da dreht sich der

Satz »Ich kaufe, also bin ich« auf makabre Weise noch einmal um: »Ich werde verkauft, also bin ich.«

Diese Ambivalenz, die Alte zugleich zu Kunden und zu Waren machen kann, wird im Science-Fiction-Film *Soylent Green* aus dem Jahr 1973 auf die Spitze getrieben. Charlton Heston spielt darin einen New Yorker Polizisten. Es ist das Jahr 2022 und in New York leben 40 Millionen Menschen. Es fehlt an Wasser, Nahrung und Behausung. Natürliche Lebensmittel und sauberes Wasser können sich nur einige Reiche leisten. Der Polizist Robert Thorn und sein älterer Mitbewohner Sol Roth führen ein trostloses Dasein. Im Verlauf des Films kommen sie einem fürchterlichen Geheimnis auf die Spur. Sol Roth, der alte Mann, kennt noch die Zeit, in der es Tiere gab und die Nahrung der Menschen aus Gemüse und Fleisch bestand. Nun haben Soylent Rot und Soylent Gelb als Kunstnahrung das alte Essen abgelöst. ›Soylent‹ ist eine Zusammensetzung aus ›Soy‹ für Soja und ›Lent‹ für Linsen. Die Firma, die mit ihrer Kunstnahrung die Lebensmittelversorgung der halben Welt kontrolliert, bringt gerade Soylent Grün auf den Markt, das angeblich aus Plankton hergestellt wird. Es gibt Lieferengpässe, und das führt regelmäßig zu Ausschreitungen der hungrigen Menschen. Sol geht einem schlimmen Verdacht nach und will angesichts der schrecklichen Wahrheit nicht mehr weiterleben. Er begibt sich freiwillig in eine Euthanasieklinik. Als Thorn davon erfährt, beeilt er sich, den sterbenden Sol noch aufzusuchen. Der erzählt ihm, dass die Ozeane längst tot sind und es deshalb kein Plankton mehr geben kann. Thorn folgt nun dem Abtransport der Leichensäcke bis zur Müllverwertungsanlage. Er entdeckt, dass in dieser Anlage aus dem Menschenmaterial »Soylent Grün« produziert wird. »Soylent Green is people«, das Produkt wird aus Menschen hergestellt – und Thorn versucht, diese Wahrheit ans Licht zu bringen.

Der Polizist Thorn deckt Zusammenhänge auf. Mit der Aufdeckung unbekannter Zusammenhänge sind auch bei uns heute zivilgesellschaftliche Akteure befasst. Wie viel bekommt eigentlich der Bananenbauer in Lateinamerika, der Kaffeebohnenpflücker in Afrika, die Jeansnäherin in Asien von dem, was wir hier bezahlen? Man kann es wissen, wenn man nur will. Wer es wissen will, kann erkennen, dass wir hier in Europa Sklavinnen und Sklaven in der ganzen Welt damit beschäftigen, für uns tätig zu sein. »Ich kaufe, also bin ich«: Für unsere billigen Klamotten und unser preiswertes Essen schuften anderswo und für uns unsichtbar Menschen unter erbärmlichen Bedingungen. Im Grunde wollen wir es gar nicht so genau wissen. Wenn ich die Kleidermassen auf den Stahlstangen hängen sehe, denke ich manchmal: Wenn wir sehen könnten, was da an Elend, an Sklaverei, an Ausbeutung dranhängt, würden wir vor Scham erstarren oder in Panik fliehen. Könnte man sich vorstellen, dass die Älteren, die Alten, die sich ja noch an andere Zeiten erinnern, eine Sensibilitätsavantgarde werden könnten? Hätten sie nicht die Zeit, sich zu informieren über das, was uns da geboten wird? Wenn sie schon nicht mehr über Weisheit im traditionellen Sinne verfügen, könnten sie nicht »Sehende« sein, Frauen und Männer, die sich nicht verblenden lassen? Sie müssten ja nicht als Moralapostel auftreten, aber sie könnten vielleicht einfach eine andere Richtung einschlagen? Genauer hinschauen, was sie essen und wie sie sich kleiden? Bei einer Billigkleiderkette tauchten kürzlich in verkauften Textilien kleine Schildchen auf, auf denen die Näherinnen um Hilfe riefen, sich über ihre Arbeitsbedingungen beschwerten (»Degrading Sweatshop Conditions«). Die irische Firma Primark, in deren Kleidung die Schildchen gefunden wurden, betont, es seien Fälschungen. Es könnte tatsächlich der Versuch sein, Käufer zu sensibilisieren – irgendwer hätte sie aus diesem Grund eingenäht. Die Firma Primark hatte auch in der Textilfabrik in Bangladesch produzieren lassen, in der 1100 Billiglohnarbeiterinnen und -arbeiter starben, als sie zusammenbrach. Denken die Alten, dass sie damit nichts zu tun haben?

Viele alt Gewordene verlieren ihre Erinnerung. Sie werden als »dement« diagnostiziert. Eine merkwürdige Umkehrung ist das, wenn man bedenkt, dass die Alten traditionell das lebende Gedächtnis einer Gesellschaft sind. Ist das wirklich nur ein Zufall, der mit dem Etikett »Krankheit« neutralisiert wird? Weil man sich dann nicht mehr fragen muss, warum die Erinnerungsträger massenhaft ins Vergessen verfallen? Oder passt das genau – wie die Faust aufs Auge? Ist die sich rasend ausbreitende Demenz die Antwort auf eine systematisch erinnerungslos gewordene Gesellschaft? Ist die Demenz eine passive Abwendung der Alten von dem, was geschieht, sodass sie in eine Erinnerungslosigkeit verfallen wie in einen Starrkrampf?

Man muss sich nur daran zu erinnern versuchen, was mit unserer Ernährung geschieht, um einem eigenartigen kulturellen Demenzphänomen auf die Spur zu kommen.

Unser Essen scheint immer katastrophaler zu werden. Fertiggerichte und zuckerreiche Getränke kolonisieren unseren Essalltag. Mahlzeiten haben heutzutage immer weniger einen festen Platz im Tageslauf. Man isst außer Haus, man isst Convenience-Food. Man isst, was man sieht – und die Menschen verlieren den Überblick über das, was sie gegessen haben. Das Essen wird so flexibilisiert, wie es unser Job und unsere Beziehungen schon längst sind. Fleisch, Zucker, Fett, Salz begünstigen Übergewicht und den Typ-2-Diabetes. Man wird nicht sofort krank, und deshalb finden die Menschen ihre neue Flexi-Ernährung okay. Viele Deutsche sehen Kochen inzwischen als verlorene Zeit an, sind beruflich eingespannt oder wollen für sich allein nicht kochen. Und sie können häufig auch gar nicht kochen, wie auch Kinder das Kochen nicht mehr von ihren Eltern lernen, sie erfahren nicht mehr, wie Essen entsteht.[65]

Nehmen die Alten diese Entwicklung eigentlich so hin? Sind sie Teil dieser Entwicklung? Oder könnten sie auch hier die sensibilisierten »Erinnerer« sein?

In den Industrieländern, in den reichen Ländern also, wird ungefähr die Hälfte aller Lebensmittel weggeworfen. Lebensmittel sind Massenware, die Discounter unterbieten sich. Zwischen hundert verschiedenen Sorten kann ich wählen, wenn ich vor dem Regal mit Joghurtbechern stehe.[66] Alles ist in dieser unserer Gesellschaft zu viel. Viel zu viele Joghurtbecher, die schon für den Müll vorgesehen sind, noch bevor sie im Regal stehen – Haltbarkeitsdatum abgelaufen.

Der japanische Umweltforscher Kohei Watanabe hat die Mülltonnen in England, Österreich, Deutschland, Japan und Malaysia untersucht und festgestellt, dass zehn Prozent des Mülls Esswaren sind. Wo der Supermarkt ankommt, lässt er eine Entfremdung zwischen den Erzeugern und den Verbrauchern aufblühen, die etwas Maßloses hat. Wir sind blind und werden blind gemacht, wenn wir einkaufen. Die Produzenten kann man sich nicht vorstellen, und die Wege, die ein Joghurtbecher hinter sich hat, sind undurchschaubar. Wir haben uns an die Erinnerungslosigkeit der Waren und unserer selbst, der Käufer, gewöhnt. Wir nehmen die dementen Ernährungsgegenstände aus dem Regal, legen sie in den Einkaufswagen und schreiten zum Scanner.

Auch die alten Menschen haben sich an diese Erinnerungslosigkeit gewöhnt. Auch sie haben die Herkunft und die Produzenten nicht vor Augen. Sie kommen allerdings aus Zeiten, in denen dieses Wegwerfen von Nahrungsmitteln undenkbar war. Drei Millionen Tonnen Brot werden in Europa pro Jahr beseitigt (oder als Tierfutter verwendet). Damit könnte man Spanien ein ganzes Jahr ernähren.

Die Alten erinnern sich noch genau, wie sich Hunger anfühlt. Viele haben Schwierigkeiten, Essen wegzuwerfen. Wenn ich ein Schulkind sehe, das ein angebissenes Brötchen wegwirft, packt mich die Wut. Dabei können sie nichts für diese Missachtung des Brotes, das weiß ich.

Ich erinnere mich an weiße Papiersäcke mit irgendeinem Aufdruck, rot, glaube ich, die an einem Nagel an der Wand hingen, 1946 in Hamburg. In den Säcken wurde getrocknetes Brot aufbewahrt. Für den Hunger. Für den Notfall. Ich erinnere mich an Carepakete aus Amerika, die schon bald nach Kriegsende, ankamen und die so etwas wie Knäckebrot, Corned Beef und grünes Fruchtgelee enthielten. Und für immer wird mir die Schwedenspeisung im Gedächtnis bleiben. Zwischen 1946 und 1949 wurden Kinder im Alter von drei bis sechs Jahren in der britischen Zone mit Suppen versorgt. Rund 40 000 Suppen wurden jeden Tag allein in Hamburg an die Kinder ausgeteilt. Im Winter 1946/47 herrschte in Norddeutschland zwei Monate Dauerfrost, es war einer der kältesten Winter des Jahrhunderts. Viele Menschen lebten in übervollen Notunterkünften, wo sie oft ohne Strom, ohne Kohlen, ohne Essen zu überleben versuchten. Die Säuglingssterblichkeit lag bei 20 Prozent. Deutschland befand sich hinsichtlich Ernährung, Heizung und Wohnung auf dem niedrigsten Stand, den man seit hundert Jahren in der westlichen Zivilisation kannte. Der »Ernährungsrat der deutschen Ärzte« stellte für Hamburg fest, dass die Normalverbraucherrationen so niedrig waren, dass sie nur ein Drittel des Bedarfs deckten und in einigen Monaten zum Tode führten. Besonders die Kinder waren gefährdet.[67] Mein zwei Jahre jüngerer Bruder bekam die Schwedenspeisung, wir liefen in löchrigen Pantoffeln zu der Ausgabestelle. Ich war älter als sechs Jahre und bekam nichts. Aber manchmal, wenn mein Bruder nicht aufgegessen hatte, hob eine Schwester die Absperrschnur, ich konnte unter ihr durchschlüpfen und den Teller leeressen. Ich kann diese Fleischsuppe mit Nudeln noch heute schmecken. Auch den Geruch aus der britischen Gulaschkanone, die auf dem Trümmergrundstück neben unserem Mietshaus stand, habe ich noch in der Nase. Eine Oase inmitten einer Wüste, es gab nichts ringsum, nur diesen eisernen, schwarzen Kessel und die Soldaten, die die Suppe austeilten. Und überall Trümmer. Dann versetze ich mich in Gedanken an irgendeinen Bahnhof in den Morgenstunden, Frankfurt am Main zum Beispiel. Dutzende von Kiosken mit Brötchen, Wraps, Pizzazungen, Würstchen, Bagels, Brezeln, Coffee to go … Die Leute frühstücken nicht mehr, denke ich, sondern essen unterwegs. Für die Ökos gibt es Müsli, Säfte, Früchtequark. Und auch hier, in dieser verdächtigen Fülle, keine Möglichkeit, das WOHER der Laugenstange mit Salami und einem Salatblatt abzuschätzen. Nur eines ist sicher: Was heute nicht verkauft wird, landet im Müll. In der Schweiz stand ich kürzlich eine Minute vor sechs, also eine Minute vor Ladenschluss, vor einer riesigen Kuchentheke, fünf Meter lang, es müssen Hunderte von leckeren Patisserien gewesen sein. Die Verkäuferin hatte schon begonnen, alles in Plastiksäcke zu schaufeln. Nur widerwillig rückte sie noch ein Cremeschnittchen heraus, das eigentlich schon auf dem Weg in die Deponie war. Es ist im Grunde ein Wahnsinn, den eine Leistungsgesellschaft sich da leistet. Und weil dabei hygienischen Vorschriften gefolgt wird, erscheint alles so völlig normal und rational und unvermeidlich. Der Wahnsinn versteckt sich.

Heute werden bei uns 40 Prozent der Nahrungsmittel unverbraucht entsorgt, vieles verrottet noch auf dem Feld, weil es den Ansprüchen nicht entspricht und ungeerntet bleibt. Wird im Supermarkt auf einer Palette Pfirsiche ein angefaultes Exemplar entdeckt, dann wird die ganze Palette weggeworfen, weil es zu teuer wäre, sie auszusortieren. Käse- und Milchprodukte kommen schon zwei Tage vor dem Ablaufdatum in den Müll.

Noch einmal. Drei Millionen Tonnen Brot werden in Europa im Jahr vernichtet. Ich frage mich immer wieder:

Geht das an den älter Werdenden eigentlich vorbei? Ist der Betäubungszustand so vollkommen, dass das alles passieren kann. Abgestumpftes Alter?

Im Grunde erinnert die Welt, in der die Alten heute leben, an Science-Fiction, die real existierender Alltag geworden ist. Man denke an *Brave New World (Schöne neue Welt)*, den Roman von Aldous Huxley, der 1932 erschien. Er gilt als einer der wichtigsten Romane des 20. Jahrhunderts. Huxley beschreibt eine perfekte Welt, in der Stabilität, Frieden und Freiheit gewährleistet sind, einen Wohlfahrtsalltag ähnlich dem, in dem wir leben. Embryonen und Föten werden *gestaltet*, sodass sie für die gesellschaftlichen Kasten, denen sie künftig angehören sollen, passend sind. Kleinkinder werden entsprechend indoktriniert, und am Ende des Prozesses gibt es von den Alpha-Plus-Typen (für Führungspositionen) bis zu den Epsilon-Minus-Typen (einfachste Tätigkeiten) die benötigten Exemplare. Ich muss da an die Krippen, Kitas und Vorschulen denken, in denen Kinder zunehmend – mit Unterstützung ihrer Eltern – auf die Schiene einer Leistungsgesellschaft gesetzt werden, die sie als selbstverständliche und einzige Wirklichkeit hinzunehmen gewohnt sind. Und spätestens in der Schulwahl kristallisiert sich ja heraus, wer als Alpha-Plus-Typ auf den Weg kommt und wer (zum Beispiel mit Migrationsvordergrund) für die einfacheren Tätigkeiten gedacht ist. Wenn man sieht, wie Eliten ihre Kinder in ausgesuchten Gymnasien und Privatschulen in Sicherheit bringen (am liebsten sollen sie dann in Yale, Stanford oder Oxford studieren), weiß man, dass die Rede von der Chancengleichheit leeres Gewäsch ist. Kindergärten, Schulen und Universitäten sind längst Sortieranstalten, und das scheinbare Ideal gleicher Chancen ist längst eine Farce, über die sich die Eliten wohl nur noch müde lächelnd amüsieren.

Den gesellschaftlichen Kasten in *Brave New World* ist die Konditionierung auf eine permanente Befriedigung durch Konsum, Sex und die Droge Soma gemeinsam. Die Droge nimmt den Mitgliedern dieser Gesellschaft das Bedürfnis zum kritischen Denken und Hinterfragen ihrer Weltordnung. Ihre Regierung bilden *Kontrolleure*, Alpha-Plus-Menschen, die von der Bevölkerung wie Götter verehrt werden.[68] In dieser Gesellschaft gibt es keine Krankheiten mehr, denn sie wurden durch pränatale Impfungen ausgelöscht.

Die Menschen sind ihr Leben lang gesund und leistungsfähig. Das Altern ist ein fast unmerklicher Vorgang: Die Menschen verspüren keinen körperlichen Leistungsrückgang und verändern sich durch Sportaktivitäten und Verwendung moderner Kosmetik äußerlich nur wenig. Die menschliche Lebenszeit ist auf ein Alter zwischen 60 und 70 begrenzt. Bis dahin bleiben die Menschen vital und sterben dann sehr schnell und schmerzlos im *Soma*-Halbschlaf. Die Angst vor dem Tod wurde schon früh durch Konditionierung beseitigt: Kindergruppen werden durch Sterbehospitale geführt, sie werden mit Schokoladenbaisers abgefüttert, um so, ganz beruhigt, die still vor sich hin dämmernden Sterbenden zu betrachten.

KAPITEL 8

Die Rückkehr der Gespenster

Alte als digitale Avantgarde im
Vitaldaten-Monitor

Zufällig werde ich Zeuge einer anrührenden Szene. In einem Essener Nobelhotel findet, wie ich allmählich aus Gesprächsfetzen entnehme, ein Klassentreffen statt. Die Männer (der einst reinen Jungenklasse) müssen um die 85 sein. Auf der Herrentoilette sitzt einer der Weißhaarigen auf dem WC, die Tür ist offen. Er wird gerade von zweien seiner alten Klassenkameraden vom Sitz hochgezogen. Sie ziehen ihm auch die Hose hoch, sie stecken ihm das Hemd hinein (»Dreh dich mal im Uhrzeigersinn«) und verfrachten ihn schließlich in seinen Rollstuhl. Das Ganze geschieht irgendwie unprofessionell, aber in einem herzlich-direkten Ton. Ich stelle mir vor, wie damals auf der Schulbank der eine den anderen hat abschreiben lassen, sie waren Freunde, diese drei. Sie bekommen bei dem durchaus intimen Akt fast Jungenstimmen, sie sind ungeschickt – aber sie kriegen es hin. Es endet alles in einem befreienden Gelächter, als man bei den goldenen Wasserhähnen angelangt ist. Das ist jetzt dran, das wissen sie, das ist unsere Situation jetzt – pragmatisch, direkt, ohne einen Hauch von Sentimentalität ist nun das Selbstverständliche zu tun. So, dachte ich, müsste es sein.

Als Kinder haben wir – jeder wird sich erinnern – viele Ängste. Die Kinderzeit ist keineswegs Eiapopeia. Reale Ängste mischen sich mit Angstphantasien. Das Licht im Kinderzimmer soll »an« bleiben. Kinder haben Alpträume, in denen die Gespenster und Geister nächtens zu Besuch kommen, die Gespenster, die die Erwachsenen aus ihrem Leben verscheucht zu haben meinen.

Das Alter bringt neue Ängste oder verstärkt sie: Todesängste, die Furcht vor Krankheiten, der Schrecken des Alleinseins. Wird alles wegbrechen? Werde ich abhängig sein von der Pflege durch andere? Werden Freundschaften halten oder zerbröckeln? Wenn ich im ICE die älteren Kegelfreundinnen auf Städtetour sehe oder die Silberrücken des Sportvereins, die schon um 10 Uhr das Großraumabteil mit Bierdüften schwängern, dann frage ich mich: Wird das, was da in kichernder, manchmal grölender Lärmbereitschaft zusammensitzt, ins Alter hinein halten? Welche Freundschaften haben Aussicht auf Dauer? Von wem kann ich Treue oder Hilfe erwarten?

Sehr boshaft und realistisch ist die Geschichte von den beiden Ehepaaren Pröhl und Hoppenstedt, die Loriot filmisch erzählt. Eine Urlaubsbekanntschaft: Man trifft sich – wieder zu Hause – zum Essen im Restaurant. Am Anfang schwelgen die vier harmonisch in den Erinnerungen, man hat sich auf einem Campingplatz in Klagenfurt kennengelernt. Man geht zum »Du« über. Und dann wird beim Kellner der Kosakenzipfel bestellt, zweimal. Aber es gibt nur noch einen. Zunächst scheinen sich die Männer friedlich über eine Teilung einigen zu können – dann aber bricht über diese lächerliche Teilungsfrage Krieg aus, vor allem über das den Kosakenzipfel krönende Zitronenbällchen. Am Ende spritzt das Gift (»Winselstute«, »Jodelschnepfe!«), man ist kurz davor, handgreiflich zu werden. Die Scheinfreundschaft fällt zusammen. Und man geht unversöhnt (»Ratte!«) und für immer auseinander.

Die Urlaubsbekanntschaft ist ein Muster für das, was uns heute blüht – anders als die in der Jugendzeit begründete jungenhafte Solidarität, die mir beim Klassentreffen der alten Herren auffiel. Nachbarschaft und Freundschaft hatten Bestand, weil sie einen Sachgrund hatten. Ein Drittes war die notwendige Hilfe, zum Beispiel wenn die Scheune brennt. Es gab im ländlichen Bereich den ersten, zweiten und dritten Nachbarn, und jeder hatte verabredete Aufgaben, wenn etwas auf dem Hof passierte. Die Freundschaft war kein emotionales Gebräu, sondern eine ernste Angelegenheit. Den Freund-

schaften, die heute entstehen, ist (ähnlich wie Partner-
schaften oder sogar Ehen) eine moderne Flüchtigkeit
eigen, weil ihnen die Realgründe fehlen. Gesellschaft
ist heute – wie Peter Sloterdijk gesagt hat – »ein Aggregat von Urlaubern«. Dazu gehört die Unverbindlichkeit,
die Flüchtigkeit – nichts ist geerdet. Und deshalb kann
auch schmerzlos beendet werden oder einfach zu Staub
zerfallen, was man eben noch für dauerhaft hielt.

Das wissen die Menschen genau, und die älter Werdenden hegen deshalb zu Recht ein tiefes Misstrauen gegen
die Stabilität sozialer Beziehungen. Weil niemand dem
›Du‹ traut, wachsen die Ängste. Die Familie, na ja – besser man hat keine Illusionen. Die Nachbarn? Fragile Beziehungen – die meisten Prozesse, die in Deutschland
geführt werden, sind Nachbarschaftsprozesse. Mit dem
Altwerden, das wissen oder ahnen die meisten, betritt
man ein unsicheres Terrain. Früher wusste der Bauer,
dass irgendwann das Altenteil dran war, man zog ins
kleine Häuschen. Meistens kein Vergnügen, sondern
ein spärlicher Ort. Heute weiß keiner genau, was ihm
in der Zukunft blüht. Vielleicht irgendwann das Pflegeheim, aber was ist davor? Es scheint, als würden die
vielen unablässig herumreisenden Alten der Konfron-
tation mit dem Alter ausweichen, indem sie unterwegs
und damit abgelenkt sind. Vielleicht ist das überhaupt
der Kern des Themas Alter: dass man versucht, es nicht
zur Kenntnis zu nehmen. Die Kunst des Altwerdens ist
reduziert auf eine Kunst des Ignorierens. Und trotzdem

klopft da etwas an, schleicht einer auf dem Dachboden herum. Das Gespenst des Alters.

Gibt es Gespenster? Der französische Soziologe und Philosoph Jacques Derrida hat 1983 in dem Film *Ghost Dance* über Gespenster philosophiert – und behauptet, dass die neuen Technologien und Medien Gespenster hervorbringen. Das Kino – so Derrida – sei eine Kunstform, die es den Geistern erlaube, zurückzukehren: »Die Zukunft gehört den Gespenstern.«[69] »Das Unkörperliche bleibt, das Körperliche vergeht«, schreibt Miriam Meckel. Wir sind also auf dem Weg in eine Gespensterwelt: Die Medientechnologien »werfen uns eine digitale Gaze aus Millionen von Pixeln, Bits und Bytes über, leicht oder fester verzurrt ... Wir verschwinden aus dem Sichtbaren unserer realen Lebenswelt ins Unsichtbare der multimedialen Überwürfe. Und wir werden dann tatsächlich zu Gespenstern unserer selbst, denn Gespenster bleiben immer nur eine Repräsentation, ein Berührungspunkt des Nicht-Sichtbaren in der auf allumfassende mediale Sichtbarkeit orientierten Welt.«[70]

Schaut man auf die Alten, dann sieht man, wie wahr das ist.

Ich fürchte, dass insbesondere älter Werdende in der Gefahr sind, sich in Gespensterwelten zu verirren. Von Gespenstern umgeben und selber im Begriff, zum Gespenst zu werden. Gespenster gehören nicht zum wirklichen Leben und sind vom sozialen Leben abgetrennt. Ist das nicht genau eine Beschreibung der Lebenslage vieler Älterer? Die Alten entscheiden sich natürlich nicht für die Welt der Gespenster, sondern werden genötigt, sie schlittern hinein. Hunderttausende Alte, die im sozialen Nichts leben, unsichtbar, wenn sie sich nicht gerade in ihren beigefarbenen Gewändern auf den Weg in den Supermarkt machen, um sich Gespensternahrung zu holen. Lange Zeit habe ich gedacht, dass wir in einer Welt ohne Ahnen leben. Anders als in Afrika, wo die Verstorbenen immer gegenwärtig sind und Gutes oder Schlechtes bewirken. Unsere erinnerungslose Gesellschaft hat die Ahnen verbannt. Es gibt bald nicht einmal mehr Friedhöfe, auf denen an sie erinnert wird. Die anonyme Bestattung greift wie ein Flächenbrand um sich. Aber vielleicht funktioniert die Verbannung der Ahnen nicht? Vielleicht kehren sie auf eine gespensterhafte Weise zurück? Vielleicht sind die vielen hinfälligen, blassen, traurigen Altersfälle nichts anderes als zurückgekehrte Ahnen, die – weil wir sie vergessen und verdrängt haben – wiederkommen und in diesen Auffangstationen, die wir bauen, den Heimen, Hospizen, Demenzdörfern, existieren und uns wortlos ansehen? Und sprachlos fragen: Was habt ihr gemacht, ihr Augenblicksmenschen, dass wir in euren Gedanken und euren Realitäten nicht mehr vorkommen? Ihr habt uns zu Gespenstern gemacht, obwohl wir doch noch leben, aber wir sind an Orten, die an das Nichts grenzen, das nach uns greift. Hunderttausende Verwirrte und Hinfällige, unsere Väter, Mütter, Brüder, Schwestern: Sind das die Gespenster, die in der Nacht kommen und uns mit Schuldgefühlen quälen? Wie in anderen Kulturen die Ahnen, die nachts kommen und mit den Lebenden sprechen.

Wir tun so, als sei Ethnografie etwas für die Erforschung primitiver Völker im Amazonasbecken oder in den Ur-wäldern Borneos. Aber wir könnten eine Ethnografie unserer Alten schreiben, die wie ein fremder Stamm zusammengefasst im modernen Dschungel der Heime oder vereinzelt in den Netzen ambulanter Dienste ihr vor der Öffentlichkeit verborgenes unerforschtes Leben führen.

Aber vielleicht gibt es – um in der Gespenstermetapher zu bleiben – noch eine ganz andere gespensterhafte Dimension im Leben der alt Werdenden? Nennen wir das mal eine Verschwörung von Gespenstern gegen die Alten. Jacques Derrida, von dem schon die Rede war, sieht in der digitalen Welt eine Rückkehr der Gespenster in der Körperlosigkeit, in der Allgegenwart, in der Unfassbarkeit. In diesem Sinne wird das Alter gerade zu einem bevorzugten Areal der neuen Geistwesen. Das »Schutzengelsystem Raphael« zum Beispiel erlaubt die Überwachung und Kontrolle von verwirrten Alten. Da wird ja direkt mit der Metapher der körperlosen Geist-wesen gespielt. Von denen gibt es in unserem Leben und besonders in dem der hilfsbedürftigen Alten immer mehr. Sehen wir die Geräte, mit denen wir leben, einen Augenblick einmal als körperlose Geistwesen an. Wir nutzen sie, und unser Alltag ist ohne sie, ohne Smartphone, Laptop, Tablet oder MP3-Player, gar nicht mehr vorstellbar. Wie viele Knöpfe haben wir morgens schon gedrückt, noch bevor unser Arbeitstag beginnt? Wir sind zu Hirten unserer Gerätschaften geworden, die uns wie eine Schafherde umgeben. Aber wenn man auf die Alten schaut, kann man den Eindruck gewinnen, dass diese körperlosen Wesen, die neuen Gespenster, die Herrschaft über unser Leben ergriffen haben.

Doch vielleicht verhält es sich mit den Geistern und Gespenstern ganz anders?

»Der Arzt wird sich zu einem weitgehend computer-abhängigen Helfer für Kranke entwickeln. Der Doktor herkömmlichen Stils ist dann etwas für Romantiker unter den Patienten; der Computer wird zum Leibarzt werden. Er hat das entscheidende Know-how. Eine Horrorvision? Nein, im Gegenteil. Es werden weniger Fehler passieren«, sagt Christian Hesse, der in Stuttgart mathematische Stochastik lehrt.[71]

»Der Arzt kann einpacken«, sagt Christian Hesse, »die Mathematik kann Menschen heilen, ohne etwas von Medizin zu verstehen.« Um Kranken kompetent helfen zu können, muss man nicht mehr genau verstehen, mit welchen Krankheiten sie behaftet sind. Die Diagnose wird überflüssig. Welche Wirkungen eine Krankheit auf bestimmte biochemische Abläufe ausübt, welche Störungen diese Wirkungen verursachen, welche Symptome aus diesen Störungen entstehen und welche therapeutischen Maßnahmen bei diesen Symptomen einzusetzen sind – das ist alles überholtes Zeug. Der herkömmliche medizinische Prozess, in dem am Anfang die Diagnose des Experten stand, aus der die Therapie abgeleitet wurde, das ist – Hesse zufolge – eine detailreiche, vielschrittige, fehleranfällige Abfolge. Das besiegelt das Schicksal der Mediziner. Die Lösung heißt *Big Data,* denn diese können individuell, gezielt, kompetent und weit eher ohne Fehler helfen. Dazu müssen allerdings diese Unmengen von Daten zuerst gesammelt werden: Geschlecht, Alter, Blut-, Urin- und andere Messwerte, Symptome … »Ist die Datenbasis groß genug, wird der Computer auch hier durch Microtargeting eine Therapie vorschlagen, die haargenau auf die persönliche Situation zugeschnitten ist – wahrscheinlich besser als die meisten Ärzte.«[72] Denn die Datenbasis der Ärzte (die sich aus der Erfahrung, der Sensibilität, der Kompetenz, dem Menschen aus Fleisch und Blut zusammensetzt) besteht aus angelesenen Lehrbuch-Informationen über den Durchschnittspatienten, ergänzt durch eigene Erfahrungen.

Der Mathematiker hat ja Recht. So wird es kommen, wir sind ja schon auf dem Weg dahin. Und die Alten werden die Ersten sein, an denen das exekutiert wird: das Verschwinden der Wesen aus Fleisch und Blut. In japanischen Pflegeheimen ist hier und da schon die Schwester durch eine Videoleinwand ersetzt, auf der eine digitale Pflegekraft erscheint, mit der man interaktiv kommunizieren kann. Big Data ist natürlich ein gutwilliger Zwilling von Big Brother. Solche Halbwesen, die alles wissen und alles können, aber nicht aus Fleisch und Blut bestehen, die hat man früher Gespenster oder Geister genannt.

Wenn die Alten nicht selber Gespenster sind, dann sind sie von Gespenstern umgeben. Das wird ein wenig verschämt »technisches Unterstützungssystem« genannt. Manchmal auch AAL, Ambient Assisted Living. In der Betreuung Pflegebedürftiger und Dementer wird zum Beispiel der Vitaldaten-Monitor künftig eine entscheidende Rolle spielen. Der *Vitaldaten-Monitor* (das Wort ruft wahrscheinlich bei manchen noch ein wenig Gänsehaut hervor, aber das geht vorbei) informiert automatisch und laufend die medizinische und pflegerische Leitstelle über den Zustand des Betroffenen. Pflegende Angehörige können sich mit Hilfe des *Telemonitorings* über den Zustand ihres Vaters oder ihrer Mutter informieren, wenn sie gerade unterwegs sind. Das *Telemonitoring* integriert verschiedene Dienste – die Pflegedokumentation und das Kommunikationskonzept; zudem kann es der Erhaltung der Mobilität (bei Demenz) dienen, indem es die Betroffenen fernüberwacht.[73] Man beachte den Sprachtrick: Die Rundumüberwachung dient nicht etwa den Anbietern von

Betreuungsdiensten, sondern sie dient den Überwachten. Dementen-Ortungssysteme mit GPS erlauben es, jederzeit zu kontrollieren, wo der Betroffene ist. Es ist wie immer bei Entwicklungen, die auf Widerstand stoßen (neue Therapien zum Beispiel): Das Konzept der totalen Überwachung wird eingeführt, indem man es da macht, wo es schwerfällt, Gegenargumente zu finden. Warum sollte man nicht verwirrte Alte mit GPS überwachen, um sie wieder einfangen zu können? Aber darin steckt natürlich die Möglichkeit, die Grenzen zu verschieben. Vielleicht macht man das dann am besten auch da, wo der Verdacht auf Demenz besteht? Bewegungsmuster können erfasst werden, und wenn die nicht mehr normal sind, besteht bereits der Verdacht auf den Ausbruch von Demenz. Dann kann man mit *Geofencing* nachlegen, also Sicherheitszonen festlegen. »Schutzengelsystem Raphael« (s. o.) heißt eines der vielen Geräte – aber moderner und kühler gibt sich die Bezeichnung *MPact Mini*. Und warum sollte man nicht schließlich alle über 75-Jährigen einbeziehen, zu ihrem Wohle natürlich? Die NSA interessiert sich für das Handy der deutschen Kanzlerin. Aber für den Dienstleistungs-NSA wäre es ideal, Big Data für alle Älteren zu haben, die aktuell oder künftig an irgendetwas leiden. Eine riesige Menge von irgendwie Versorgungsbedürftigen, aktuell oder potenziell? Horrorphantasien? Es gibt bereits eine *Service-Cloud*, in der Dienstleister im Altenbereich miteinander verbunden sind – die Daten können leicht vervollständigt werden.

Die bereits vielfach eingesetzten mobilen Dementen-Ortungssysteme können zum Beispiel direkt an den Betroffenen angebracht werden (Stichwort: Chip). Das Monitoring läuft unter der Überschrift *tracing* (verfolgen) und *Lokalisierung,* die es ermöglichen, den Entflohenen *aufzugreifen* und nach Hause zu bringen. Mit dem Gerät »Dyna Vision« lässt sich unter anderem die Medikamenteneinnahme überwachen. Die intelligente Wohnung kann mit in den Boden integrierten automatisierten Sensorsystemen ausgestattet werden, die allerdings nicht erkennen können, ob der Bewohner gestürzt ist oder nur auf dem Boden sitzt und Zeitung liest.

Es gibt auch die Möglichkeit, ein Aktivitäts- und Lebensstil-Monitoring zu nutzen, um beispielsweise Energieumsätze oder die Schlafdauer zu überwachen. Das Telemonitoring erlaubt zudem die Erkennung von Einzelaktivitäten. Man kann prüfen, ob morgens um acht Kaffee gekocht wird und die Hände gewaschen werden. Mit Hilfe der Tagesprofilanwendung ist es möglich zu prüfen, ob solche Aktivitäten normal abgewickelt werden oder ob da Verwahrlosung droht. Wird um acht Uhr Kaffee gekocht, ist das normal, es entspricht dem Tagesprofil – die Pflegeleitung kann mit Hilfe der Aktivitätserkennung beruhigt Normalität in die Dokumentation eintragen. Die kleidungsintegrierte Sensorik (Chips an Pflegerin und Gepflegtem) erlaubt es der Pflegedienstleitung zu prüfen, was gemacht worden ist und was nicht.

Ich stelle mit Verblüffung fest, dass all die phantasierten Automatisierungen und Digitalisierungen, die ich vor zehn Jahren noch zu einem Horrorszenario zusammengestellt habe, nicht nur eingeführt worden sind, sondern sich geradezu selbstverständlicher Akzeptanz erfreuen.

Der digitale Supermarkt macht alles möglich, auch das Akzelerometer am Fußgelenk, mit dem man Bewegungen der Dementen messen und kontrollieren kann. Niemand wird an Parallelen mit der Fußfessel bei Gefangenen denken. Und auch an die Kosten ist natürlich gedacht beim Low-Cost-Vitaldaten-Monitoring mit integriertem Personentracking.

Man muss eigentlich keine Horrorszenarien mehr schreiben, man braucht nur ins Internet zu schauen, und alles ist schon da – auch die NSA für zu Hause. Die Begeisterung über die Datensammelei, über die Möglichkeit der totalen Überwachung, verwundert offenbar immer weniger Zeitgenossen. Das kann man leicht übersehen: Die Alten sind das ideale Experimentierfeld für eine unverfrorene, entschränkte und totale Überwachung von Menschen. Es ist schwer zu widersprechen, und so begrüßt man die Vervollkommnung der Überwachung. Big Brother, der Überwachungsstaat, kommt bei den Alten zuerst ans Ziel, wohlwollend natürlich. Aber halt: Es ist natürlich nicht der Staat, der da überwacht, sondern es sind Dienstleister, es ist gewissermaßen die freie Wirtschaft, die die Überwachung perfektioniert.

Ist es ein Zufall? Spielt die Markenbezeichnung »Schutzengelsystem Raphael« das Motiv nur an – oder darf man im Sinne von Miriam Meckel sagen, dass die Geister und Gespenster, die körperlosen Wesen, zurückkehren?

Die Alten, die eigentlich eher als die Marginalisierten der Digitalgesellschaft angesehen wurden, werden zur primären digitalen Avantgarde – als Überwachte zumindest. Ich überwache mich, indem ich mir alle möglichen Tests aus der Apotheke hole (Darmkrebs, Diabetes …) und meine »Werte« durch Blutdruckgeräte überprüfe. Jeder sein eigener Kontrolleur. Gleichzeitig überwacht mich künftig mein Klo. Es testet meine Werte automatisch und sendet sie im Zweifelsfall ans Ärztezentrum oder so ähnlich. Die NSA, über die wir uns ärgern, ist bei den Alten als Privat-NSA im Grunde schon da. Die Alten sind die ideale Testgruppe für eine Überwachungsgesellschaft …

In der Londoner City gibt es etwa vier bis fünf Millionen Überwachungskameras, die jeden Menschen, der sich in London bewegt, täglich etwa 300-mal erfassen.[74] Wir sind auf dem Weg zu einer transparenten Gesellschaft. Aber es ist nicht nur der öffentliche Raum, der durchsichtig gemacht wird. »Es gibt ja Websites, auf denen sich Menschen rund um die Uhr durch eine Webcam beim Leben beobachten und in die Welt übertragen lassen.

Es gibt Websites, auf denen ich die Daten meines täglichen, stündlichen, minütlichen Kalorienverbrauchs, meiner nächtlichen Drehungen im Bett, meiner gezählten Schritte und erklommenen Stufen mit denen anderer Menschen vergleichen kann.«[75] Es geschieht draußen und drinnen, ja, die Differenz zwischen draußen und drinnen löst sich auf. Auch da sind die Alten schon jetzt Avantgarde und können es in Zukunft noch radikaler werden: Warum nicht eine Rundumkontrolle von verwirrten Alten? Bei Babys ist das Babyfon ja auch nicht mehr wegzudenken. An den Rändern des Lebens greift sich die digitale Industrie ihre Opfer zuerst. Das räumt die Barrieren und Vorbehalte gegen eine Totalüberwachung im sonstigen Alltag weg. Schon jetzt verschmelzen bei Facebook die individuellen Situationsbeschreibungen eines Menschen zu einem Gesamtbild. Was auf Facebook gepostet oder veröffentlicht wird, ist im selben Standlayout zu sehen: »Die Timeline wird zur global standardisierten Benutzeroberfläche für das Ich.«[76] Das ist und wird die Visitenkarte der Menschen, die über kurz oder lang die Daten möglichst aller zu einem Worldstream zusammenfließen lassen, ein Worldstream, in dem die Zeit vorwärts und rückwärts fließt und nicht mehr örtlich gebunden ist, wie es der Philosoph David Gelernter ausdrückt. Eric Schmidt und Jared Cohen von Google erklären, warum diese Zusammenfassung aller Daten in einem gewaltigen Strom wichtig ist: »Die Identität wird in Zukunft das wertvollste Gut der Bürger sein, und sie wird vor allem in virtuellen

Medien existieren.«[77] Die Identität wird zur Handelsware, sie ist nicht mehr das, was die Menschen im Laufe ihres Erwachsenwerdens und ihres Lebens zu je besonderen Menschen macht, sondern der Datenstrom und die darin präsentierte Identität werden zum Rohstoff. Noch ist unser Blick, wenn wir an Rohstoffe denken, auf Ölquellen, Seltene Erden, Uran oder Gold gerichtet. Aber gerade werden wir selbst zum Rohstoff. Der Nationalsozialismus hatte mit seiner industriellen Vernichtung von Menschen in den Konzentrationslagern schon den Anfang gemacht. Menschen wurden zum Rohstoff, man kann die abgeschnittenen Haare der Vergasten in Auschwitz noch immer in Vitrinen sehen. Jetzt wird die Identität zum Rohstoff eines amerikanischen Konzerngiganten, der in den Clouds der Server verwaltet, standardisiert und optimiert wird.

Was heißt das für unser Thema? Ein Worldstream wird die Alten irgendwann unterhalten und kontrollieren, das heißt rundum managen – ob alle Werte in Ordnung sind, ob sich das Verhalten im grünen Bereich bewegt, ob die präventiven Medikamente genommen werden, ob Bewegungseinheiten absolviert werden, ob die Ernährung richtig abgestimmt ist, ob Untersuchungstermine eingehalten werden (man darf sich eine virtuelle TÜV-Plakette für Alte vorstellen). Sanktionen lassen sich auch leicht ausmalen: Da klopft nicht unbedingt der Digital-Kommissar an die Tür, aber man kann sich eine Erhöhung der Krankenkassenbeiträge für jene vorstellen, die nicht zu Voruntersuchungen gehen und sich nicht checken lassen. SMS und E-Mails, in denen zu gesundheitsbewusstem Verhalten ermahnt wird, können die Vorstufe sein: »Mit Ihrem BMI, dem Body-Mass-Index, stimmt etwas nicht.« (Ich bekam gestern eine SMS von meinem Autohändler, die mich auffordert, zur Inspektion zu kommen, da sonst die Garantie für mein Auto gefährdet sei. Kann man das nicht bruchlos auf Senioren übertragen?) Das alles kommt natürlich nicht als Kontrolle daher, sondern als Hilfe, als digitale Hilfe. Was ich tue, kann überwacht werden, Abweichungen vom vorgesehenen altersgerechten Verhalten können geprüft und moniert werden. Das Ganze wird dann natürlich auch noch abgeglichen mit meinem genetischen Code, der im Worldstream mitfließt. Da werde ich kontinuierlich darüber informiert, welche Risiken wann auf mich warten, welcher Krebs mich wahrscheinlich dahinraffen wird oder ob ich bald einen Schlaganfall zu gewärtigen habe.

Aber da muss doch nicht jeder mitmachen, man kann sich doch gegen die Ausspähung abriegeln? Eher nicht. Die Gesundheitskarte ist bereits der Schritt in eine Richtung, die die umfassende digitale Gesundheitskontrolle auf den Weg bringt. Zusammen mit allem, was über das Finanzamt, das Jobcenter, die Schuldokumentation, das Navigationsgerät, Internetkäufe über mich bekannt ist, kommt schon ein deutliches Bild von jedem Bürger, von jeder Bürgerin zustande.

Die Alten mögen im Umgang mit den digitalen Medien heute noch nicht immer auf der Höhe der Zeit sein. Spätestens mit der nächsten Generation wird sich das ändern. Jüngere Menschen mögen über den Ausstieg aus der digitalen Kontrolle nachdenken. Für die Alten baut sich dort eine neue Variante des Sicherheitsstaates auf, die es ihnen sehr schwer machen wird, darauf zu verzichten. Desertieren kann man aus dem Krieg. Desertieren aus der digitalen Welt: Das dürfte schwerer und schwerer werden. Nicht nur für die Alten. Die Macher von Big Data, von Timeline oder Worldstream lachen über die Versuche, sich aus dem Netz zu befreien. Vor allem die Angst ist ein starkes Mittel, den Ausbruch gar nicht erst zu versuchen. Aber wie kann ein Ausstieg aus dem digitalen Sicherheitsstaat, in dem das Alter einen zentralen Block bildet, gelingen?

Sie sind nicht mehr wegzudenken aus unserem Leben, und sie bieten ja auch fast unverzichtbare Annehmlichkeiten: mein Smartphone, mein Laptop, mein Tablet. Ohne sie kann ich mir meinen Alltag kaum vorstellen. Mit ihnen komme ich mir fortschrittlich und up to date vor. Manchmal kommen Zweifel auf: Fang den Tag nicht damit an, dass du zuerst deine Mails checkst. Beginne doch mit einer schönen Lektüre! Manchmal klappt's.

Ich sitze in einer liebenswürdigen italienischen Familienbar. Am Nachbartisch ein sehr kleines Kind, vielleicht drei Jahre alt. Es lutscht genüsslich am Daumen und starrt auf den vor ihm aufgeklappten Laptop. Ich denke sofort an den Besuch in einer Pflegeoase. Da liegen neun Frauen im Endstadium der Demenz in ihren Betten. Kopfhörer sind in das Kissen integriert, auf dem der Kopf liegt. Sie starren, soweit sie die Augen offen haben, an die Decke, dort ziehen Laserbilder zur Animation vorbei. Es ist exakt das Panorama, das ich aus dem Film *Soylent Green* in Erinnerung habe. Der Sterbewillige in der Euthanasieklinik schaut auf wunderschöne Landschaftsbilder, auf eine Natur, die es nicht mehr gibt. Was macht das mit uns, wenn vom daumenlutschenden Kind bis zum komatösen Greis das körperlose virtuelle Bild die Lebenserfahrung ablöst? Und gibt es eine Befreiung daraus? Und wollen wir sie überhaupt? Sind mir meine Geräte heimatlicher als diese realen Menschen um mich herum, die doch immer auch Ärger verursachen? Ivan Illich sagt:

»Ich erwarte mir nichts von Technologie, aber ich glaube an die Schönheit, die schöpferische Kraft und die überraschende Erfindungsgabe der Menschen und darauf hoffe ich.«

KAPITEL 9

Die regionale Erwärmung

Mehr soziale Nähe statt mehr Versorgung

Manchmal gleicht das Altsein einfach der Hölle. Nicht, wenn man an die jungen Alten denkt. Sondern an das, was danach kommt. Das, woran die jungen Alten unablässig denken müssen: Werde ich auch im Heim enden? Muss ich vorsorgen? Aber wie? Werden sie mich nach Thailand oder nach Osteuropa exportieren? Weil da die Pflege billiger ist und es mehr junge Menschen gibt? »Es geht um die, die ein Leben lang gerackert haben und es jetzt nicht mehr können. Sie gelten durch ihre bloße Existenz als Infragestellung dessen, was für normal gehalten wird: Leistung, Fitness, Produktivität. Ein System aber, das nicht in der Lage ist, sich um die Alten zu kümmern, ist selber dement. Es braucht die Auferstehung von Nächstenliebe und wärmender Fürsorge; das System muss aus seiner Hölle gezogen werden.«[78] Schreibt Heribert Prantl.

Die Höllenfahrt, von der die Bibel erzählt, ist eine

höchst aktuelle Angelegenheit: Die Hölle, richtig verstanden, das ist der Abgrund des Verlassenseins. Und
in diesem Abgrund finden sich viele. Vor allem aber
die sehr Alten. »Die Hölle trägt heute den Namen Alz-
heimer, sie heißt Pflegeheim/Demenz-Station. Dorthin
würde Jesus heute hinabsteigen, um dem Leid der Menschen auf den Grund zu gehen. Er würde zu den dementen Alten gehen, die ausgelagert sind aus dem Gemein-
wesen, weil sie so viel von dem verlernt haben, was man
von erwachsenen Menschen erwartet: das Lesen, das
Sprechen, das Anziehen und öfters sogar das Essen.«[79]

Was wir brauchen, ist eine Wiedererwärmung der
Gesellschaft. Leichter gesagt als getan, in einer Situation, in der das Alleinsein immer mehr zum absurden
Normalzustand des Alters wird. Und nicht nur des
Alters. Wiedererwärmung – darunter sollte man sich
nicht vorstellen, dass man nur den Topf, in dem die
Gesellschaft brodelt, auf das Ceranfeld stellen muss
und Stufe 9 einstellt. Das könnte unserer vom Positi-
vitätsfetischismus getränkten Gesellschaft so passen.
So geht es aber nicht. Hinter uns liegt ein jahrzehnte-
langer Prozess der Erosion der Familie, der Zerstörung
von Nachbarschaften, einer Stadtentwicklung, die das
Singledasein ebenso fördert wie das Gefühl, dass man
am besten ohne die anderen auskommt. Wir brauchen
uns nicht mehr: Das ist die Grunderfahrung. Und diese Grunderfahrung der modernen Menschen wird bei
den heutigen Alten noch überboten: Am Anfang ihres
Lebens stand bei vielen die Urerfahrung der Kälte.

Am Anfang stand die Erfahrung des Krieges und der Nachkriegszeit. Bombennächte. Ungeheizte Wohnungen. Hunger. Die Jahrzehnte des Wohlstands haben sich über diese Urerfahrungen gelegt, aber man sollte nicht davon ausgehen, dass sie verschwunden sind. Man soll die Rechnung nicht ohne den Wirt machen, heißt es. Das bedeutet hier: Man muss sich darüber klar sein – und dieser kleine Exkurs in die Vergangenheit ist unabdingbar –, dass die heute Alten Menschen sind, die »aus der Kälte kommen« und deren Urerfahrungen des Schreckens, der Verlassenheit, der Angst sich im Altwerden plötzlich aus dem Verborgenen einen Weg suchen. Wer gehört heute zu den Alten? Es sind die Kinder des Krieges und der Nachkriegszeit – also die Jahrgänge von der Flakhelfergeneration bis zu denen, die auf der Flucht geboren worden sind. Die Menschen, die etwa zwischen 1930 und 1950 auf die Welt kamen. Millionen Kriegskinder leben unter uns. Sabine Bode hat 2004 ein Buch veröffentlicht, das eigentlich zum ersten Mal in Deutschland über die »vergessene Generation« gesprochen hat.[80] Diese Generation war zum Schweigen gebracht worden: »Man hat uns schon in ganz jungen Jahren beigebracht: Darüber spricht man nicht. Das erzählt man nicht. Schau nach vorn! Sei froh, dass du noch lebst. Vergiss alles! Und das haben die meisten von uns getan. Um zu überleben und nicht ein Leben lang am Rande stehen zu bleiben, muss man sich anpassen. Wenn man sagt: Ich habe eine schlechte Kindheit gehabt, und mich verfolgt meine Kindheit – das stempelt einen doch nur ab.«[81] Das erzählt eine Kriegswaise aus Ostpreußen.

Für mich selbst sind der Fliegeralarm, die Flucht in den Keller und dort das manchmal tagelange Warten, bis die ›Blindgänger‹ weggeräumt waren, lebendigste Erinnerung. Die Nacht im Keller des Hamburg-Altonaer Rathauses, in dem ein Offizier in grüner Uniform versuchte, mir gegen meine ängstliche Abwehr eine Gasmaske aufzusetzen. Das Zusammenstürzen der Decke, der verschüttete Ausgang. Die Männer mit Kopfverbänden. Und dann das Stolpern durch Trümmer, das glühende, flackernde Rot des Himmels und ringsum brennende Häuser. Ein anderes Mal war ich im Spitzbunker am Dammtor, auf der Moorweide. Phosphorzeichen an der Wand. Die Menschen auf dem Boden kauernd. Ich meine, dass der Aufgang sich wie eine Schnecke im Gebäude hochwand, und überall saßen die Menschen. Geschrei, als der Bunker nach einem Treffer wackelte.

Auch im Alter gelingt es den meisten, diese Erinnerungen unter dem Deckel zu halten. Nicht allen. Und es ist die Frage, ob sich das zwanghafte Vergessen an anderer Stelle einen Ausgang schafft. Immer mehr Verwirrte sind unter uns, die das Etikett »Demenz« aufgedrückt bekommen. Sechzig Jahre angestrengtes Vergessen – kann das folgenlos bleiben, oder kehrt da das Vergessene bei manchen als »Demenz« wieder? Sie haben ihr

Leben mit einem Tabu begonnen und geführt: Darüber, was man als Kind erlebt hat, spricht man nicht. Setzt sich dieses den Kriegskindern aufgedrückte Tabu am Lebensende noch einmal fort, indem sie jetzt eine Demenzdiagnose verpasst bekommen, die den Blick noch einmal ablenkt von dem, was ihnen widerfahren ist? Dann kommen sie in ein Heim und müssen erleben, dass eine junge Pflegerin mit ihnen »Biografiearbeit« macht. Was so viel heißt, wie einen Fragebogen abarbeiten: Trinken Sie gewöhnlich Ihren Kaffee mit Milch oder nicht? Welche religiösen Bedürfnisse haben Sie so? Eine dünne Lebensbrühe wird da gekocht, die die Betroffenen dann trinken sollen.

Sabine Bode berichtet von dieser für viele vergeblichen Suche nach ihrer Kindheit. »Mir ist aufgefallen, dass ich gerade die Kriegserlebnisse, die ich fast täglich hatte, weitgehend im Einzelnen vergessen habe«, sagt eine ihrer Gesprächspartnerinnen, die 1937 geboren ist. Was sie als Kind erlebt hat, war aus heutiger Sicht das pure Grauen, aber sie erinnert sich, dass sie nach einem Angriff im Bett lag, die Stadt brannte lichterloh, und ihre Mutter sagte zu ihr: »Dreh dich zur Wand, dann siehst du nichts, und mach die Augen fest zu!« Und als sie ging, sagte sie: »Du hast nichts gesehen.« »Ich weiß, da waren Dinge, die haben mich erstarren lassen und mir die Sprache genommen, aber ich weiß nicht mehr, was es war.«[82]

Ich erinnere mich an manches, ahne, dass vieles verschwunden ist: Aber es konnte nie darüber geredet werden. Im Elternhaus kam das Thema Krieg nicht vor, »davon will ich nichts hören«. Von der »schlechten Zeit« war die Rede, in der die Kriegserfahrungen und die Not danach verschmolzen. Das Verschwinden der Nazis, das Ende des Krieges – das war gar kein besonderer Einschnitt. Davor und danach – das war eben »die schlechte Zeit«.

Und später, als ich erwachsen wurde, haben die Tatsache und die Erkenntnis und die Debatte um den Holocaust mir und anderen das Wort im Halse stecken lassen. Von den Erfahrungen der Kriegskinder, so schien es, konnte angesichts der nationalsozialistischen Verbrechen nicht die Rede sein.

Ich lese in den Erinnerungen des Schriftstellers W. G. Sebald an den Spitzbunker, in dem ich – wohl nur kurze Zeit davor – auch gesessen habe: Auf der Moorweide in Hamburg war »mitten auf der Wiese ein Bunker gebaut worden, bombensicher, wie es hieß, aus Beton, mit spitzem Dach. ... 1400 Menschen haben nach der ersten Schreckensnacht hier Schutz gesucht. Der Bunker erhielt einen Volltreffer und zerbarst. Was sich dann abgespielt haben muss, hatte wohl apokalyptische Ausmaße ... Hier draußen nun warteten Hunderte von Menschen ... darauf, in ein Sammellager nach Pinneberg gebracht zu werden. Um an den Lastwagen zu gelangen, mußten sie über Berge von Leichen steigen, die zum Teil total zerrissen waren und auf der Wiese, zwischen den Überresten des ehemaligen bombensicheren Bunkers, herumlagen. Viele mußten erbrechen, als sie dieses Bild sahen, viele erbrachen, als sie über die Toten trampelten, andere brachen zusammen, wurden ohnmächtig.«[83] Auf der Flucht aus der Stadt, nach dem Feuersturm in Hamburg, hatten mehrere Frauen – so wird berichtet – ihre toten, im Qualm erstickten oder auf andere Weise während des Angriffs ums Leben gekommenen Kinder dabei.

Ist es kitschig oder realistisch, dass ich bei der Lektüre dieser Zeilen denke: Ich bin ein Überlebender? Es ist ein Zufall, dass ich nicht von der herabfallenden Decke erschlagen worden bin, dass ich den Qualm und das Feuer überlebt habe. Den Weg vom Ausgang aus dem Bunker in Altona bis zu unserem Wohnhaus kann ich noch immer ›abrufen‹, ich sehe die Nacht, die Trümmer, die Straße. Ich sehe nicht die Menschen, die mit mir waren.

Der legendäre deutsche Wiederaufbau war im Grunde eine sukzessive zweite Liquidierung: Was nicht von den Kriegsparteien durch Bomben zerstört war, wurde in der Nachkriegszeit abgerissen. Stattdessen wurde eine gesichtslose neue Wirklichkeit geschaffen, die den Zugang zur Rückerinnerung unterband, und diese zweite Zerstörung »richtete die Bevölkerung ausnahmslos auf die Zukunft aus und verpflichtete sie zum Schweigen über das, was ihr widerfahren war«[84]. Die Kriegszeit wurde ein mit einer Art Tabu belegtes Familiengeheimnis, das man nicht einmal sich selbst eingestand.

Ich habe mich bisweilen gefragt, wie die Erwachsenen, die Eltern, die Verwandten, die Nachbarn jene Zeit überstanden haben. Warum sehe ich die Gesichter nicht, die doch voller Angst gewesen sein müssen? Was ich sehe, ist der scheinbar bruchlose Übergang zur Nachkriegszeit. Ich kann die Verwunderung teilen, die W.G. Sebald formuliert, wenn er über die »erstaunliche Fähigkeit zur Selbstanästhetisierung eines aus dem Vernichtungskrieg anscheinend ohne nennenswerten psychischen Schaden hervorgegangenen Gemeinwesens« schreibt.[85] Die Bewusstlosigkeit, die Fähigkeit zur vollständigen Verdrängung war die Bedingung des Erfolgs. Die Menschen bewegten sich auf den Ruinen, »als wenn nichts geschehen wäre und als wenn die Stadt immer so aussah«, notierte Alfred Döblin Ende 1945 in Südwestdeutschland.[86] Nach der Zerstörung Hamburgs, das von verbrannten Leichen übersät war (»gekrümmt lagen sie in den Lachen ihres eigenen, teilweise schon erkalteten Fetts«[87]), begann eine große Flucht aus der Stadt, aus Hamburg wie auch aus anderen Städten. Eine unzählige Menschenmenge war unterwegs. Heinrich Böll, der Nobelpreisträger, hat später vermutet, dass in solchen Erfahrungen kollektiver Entwurzelung die bundesrepublikanische Reisesucht ihren Ursprung habe, dieses Gefühl, dass man nirgendwo bleiben kann und immer schon woanders sein müsse. Diese Fluchten seien also

»Vorübungen zur Initiation in die in den Jahrzehnten nach der Katastrophe sich konstituierende mobile Gesellschaft« gewesen, »unter deren Auspizien die chronische Rastlosigkeit sich in eine Kardinaltugend verwandelte«[88]. Man kann sehen: Es ist nicht möglich, über eine Wiedererwärmung unserer Gesellschaft zu reden, ohne die in den alt gewordenen Menschen verkapselten Erfahrungen mitzubedenken. An ein Wärmeritual erinnere ich mich gut: Die Nachbarn zogen eine Zeitlang einmal im Jahr mit Wäschekörben, darin Kuchen in Tücher gewickelt, Kaffeekannen und Geschirr, in den Luftschutzkeller, um dort gemeinsam die überstandenen Schreckensnächte zu feiern. Ich habe das Klima intensiver Nähe und nachbarschaftlicher Wärme sehr genau in Erinnerung. Das nährt den Verdacht, dass die Wärme eher aus der gemeinsam erlittenen Katastrophe als aus dem Wohlstand kommt. Der Wohlstand scheint eher jene Straßenfeste zu gebären, die aus Bierbänken, Currywurst und Bier bestehen, aber weniger Nachbarschaftlichkeit stiften als dumpfen Zeitvertreib.

Quartiersnah soll es sein, das ist das neue Modewort. Daran heften sich die Hoffnungen und Wünsche derer, die heute älter werden. Generationenübergreifendes Wohnen, Senioren-WGs, Wahlverwandtschaften, Genossenschaften, Selbsthilfegruppen – das sind so die Schlagworte, die fallen. Die heute älter Werdenden wissen ja, dass sie in eine Alterslandschaft hineinwachsen, die weniger an blühende Landschaften, sondern mehr an zerstörte Sozialverhältnisse denken lassen. Dass die Einkaufsschluchten die Menschen zu Kunden, zu *homines consumentes*, und nichts sonst machen, ist ja evident. Dort werden allenfalls Hamburger aufgewärmt, aber keine Menschen gewärmt. Einkaufszentren, Supermärkte, Malls: Orte, an denen die gebügelte Mittelschicht einen großen Teil ihrer staatsbürgerlichen Pflichten absolviert: Sonderangebotsvergleiche, Outletschnüffeln, Cappuccinotrinken, Gute-Laune-Mitmach-Gewinnspiele und »Buy two, get one free«-Exzesse.[89] Wo und wie soll die lokale Erwärmung stattfinden? Auf überdachten Einfamilienhausterrassen, wo jeder seinen eigenen Grill anwirft und sich mit den Nachbarn über die Heckenhöhe streitet? In den Wohnmaschinen, in denen sich die Nachbarn nicht kennen und man sich allenfalls im Fahrstuhl zunickt? In den von der Straße kaum erkennbaren Villen der Bessergestellten?

Und doch wissen alle, dass es Wege geben muss. Weil niemand ins Heim möchte. Weil man weiß, dass man allein sein wird, je älter, desto eher. Weil viele mit kleiner Rente sich genau ausrechnen können, dass sie sich ein teures Apartment gar nicht werden leisten können.

In gewisser Weise also heißt es: bei null anfangen. So wahr wir Gemeinschaftlichkeit nicht mehr gewohnt sind (und die Einschränkungen, die das Gemeinsame verlangt, kaum hinzunehmen bereit sind). So wahr wir die selbstverständliche Sorge für andere (in der Familie, in der Nachbarschaft, in der Kommune) verlernt haben.

So wahr die Überlastung des Einzelnen (ob Mann, ob Frau, ob Berufstätiger oder Rentner) ja die Übernahme sorgender Tätigkeiten gar nicht zulässt: So wahr ist es, dass dies der einzige gangbare Weg ist. Von zivilgesellschaftlicher Initiative lässt sich leicht reden, ihre Realisierung ist schwierig. Das neue Modewort heißt: *Caring Community* oder *Compassionate Community*. Sorgende Gemeinschaft. Ein bisschen verdächtig ist das, weil da eine Gemeinschaft, die es gar nicht gibt, zum handelnden Subjekt gemacht wird. Das Konzept Compassionate Community entstand aus dem WHO-Konzept der »gesunden Städte« und der »gesunden Gemeinden«. In der Gesundheitspolitik der Siebziger- und Achtzigerjahre versuchte man den Bürgerinnen und Bürgern zu vermitteln, dass sie Eigenverantwortung übernehmen müssen und sich nicht nur auf das Gesundheitswesen verlassen sollten. Regierungen, Arbeitgeber, Schulen, Massenmedien und Gesetzgeber waren dazu aufgerufen, sich zu engagieren: Die Menschen sollten davon abgebracht werden, ihren Körper mit schädlichen Substanzen zu belasten (Drogen, Tabak, Asbest, fettreiche Nahrung) oder der Gesundheit abträgliche Lebensgewohnheiten zu pflegen (zu viel Essen, Stress, Arbeiten in einem gesundheitsgefährdenden Umfeld, ungeschützter Sex).[90]

Der Verdacht kann nicht ausbleiben, dass diese Compassionate Communities auch der verlängerte Kontrollarm der Gesundheitsgesellschaft sein könnten. Der britische Wissenschaftler Allan Kellehear hat Beispiele untersucht, in denen solche sorgenden Gemeinschaften bei Menschen mit Demenz und bei Menschen am Lebensende entstanden sind. In Osaka, Japan, eröffnete eine gemeinnützige Organisation eine Tagesbetreuungsstätte für Verwirrte auf der Hauptgeschäftsstraße der Gemeinde. Die Menschen mit Demenz werden gebeten, ihr Mittagsmahl zu planen und zuzubereiten. Sie kaufen die Zutaten ein und helfen bei der Vorbereitung der Mahlzeit. Die Geschäftsleute in der Straße werden über das Programm informiert und nehmen, wenn sie wollen, daran teil. Sie lernen, wie man mit Menschen mit Demenz umgeht, sie bekommen einen Einblick in die Pflege und leisten einen kleinen eigenen Beitrag. Das Zentrum informiert die Geschäftsleute regelmäßig mit Hilfe von Newslettern – und die Verwirrten sind auf der Sommermesse der Stadt auch an einem Stand tätig. Die Betroffenen werden ein Stück weit in das normale Leben eingebunden, sind nicht nur passive Patienten, die lediglich Pflegeleistungen in Anspruch nehmen. Menschen aus der Gemeinde werden zur Mitarbeit animiert und lernen die Herausforderungen, die das Zusammensein mit Menschen mit Demenz mit sich bringt, kennen. Die professionellen Betreuer werden ein Stück entlastet.[91]

Ein Beispiel, entstanden an den Rändern des Lebens. Aber es zeigt die Richtung an, in der die regionale Erwärmung zu suchen wäre. Wir leben zwischen den Zeiten, in einem kommunalen Raum, in dem das Alte nicht mehr geht und das Neue gerade erst anfängt. Hinter uns: die fortschreitende Entfernung von der traditionellen Familie und Nachbarschaft. Diese Bindung wurde ersetzt (oder ergänzt) durch professionelle Pflegedienste. Betreuungsbedürftige alte Menschen wurden zur alleinigen Aufgabe der Familie oder des professionellen Gesundheitswesens. Das Konzept Compassionate Communities versucht, die Gemeinden mit den Angehörigen und den Profis zu verknüpfen. »Die Gemeinden sind sehr wohl imstande, den Familien und dem Gesundheitswesen mehr Unterstützung zu bieten – auch mit ihren praktischen Ressourcen.«[92]

Heute machen viele Menschen, die Hilfe benötigen, die Erfahrung, dass sie nicht mehr zu einer Gemeinschaft gehören, in der sie bedeutsam sind.[93] Der Begriff *Caring Community* hat Konjunktur. Von der Bundeskanzlerin bis zu den Kirchen, von Politikern zu Bürgermeistern erfreut er sich der Beliebtheit, in den USA geben sich viele Schulen das Leitbild der Caring Community – und sogar der VW-Konzern hat ihn aufgegriffen. »Volkswagen Caring Community« sucht nach Freiwilligen, die in einer Kommune etwas bedeutsam verbessert haben. »Do you know someone who is making a difference in your community? Volkswagen, in partnership with CBS Philly and KYW 1060, is helping to reward dedicated members of the local community.« Es stellt sich die Frage, ob Unternehmen das Social Sponsoring, das sie schon betreiben, fortführen und nun die Reaktivierung von Kommunen zu initiieren begonnen haben.

Frank Schirrmacher hat die Entwicklung einmal so skizziert: Spätestens in den Siebzigerjahren hat der Sozialstaat seinen Bürgerinnen und Bürgern klargemacht, für Arbeit, Gesundheit und Alter sind wir zuständig. Die traditionellen Milieus, vor allem die Familien, sind raus oder spielen allenfalls eine Nebenrolle. Das stimmt zwar faktisch nicht, wenn man bedenkt, dass 80 Prozent der Pflege in Deutschland immer noch von Familienangehörigen geleistet werden. Aber die finanziellen Rahmenbedingungen von der Rente bis zum Pflegegeld sind im Grunde verstaatlicht. Die Abhängigkeit der Alten von staatlicher Daseinsfürsorge wird immer vollkommener, um nicht zu sagen: totalitärer. Es tut sich aber eine doppelte Lücke auf: Zum einen zeigt sich, dass das Geld nie ausreichen wird, um zum Beispiel eine perfekte Demenzpflege zu gewährleisten. Zum anderen schrumpft der Sozialstaat deutlich, die kommenden Generationen werden in ihrer Mehrheit mit immer kleineren Renten auskommen müssen. Da kommt die Compassionate Community natürlich gerade recht, weil sie die Möglichkeit eröffnet, Kosten der Versorgung alt Gewordener auf die Zivilgesellschaft zu verlagern. Die zivilgesellschaftliche Initiative, das ehrenamtliche Engagement sind deshalb im Munde von Bundespräsidenten, KanzlerInnen, Ministern und Abteilungsleitern. Manchmal klingt das nach einer Mobilmachung für den innergesellschaftlichen Krieg gegen Einsamkeit und Hilflosigkeit, besonders der Senioren. Aber sowie die fällige Erwärmung auf diese

Mobilmachungsschiene gerät, ist alles verloren. Überlastete Bürger wollen sich vielfach nicht noch weiter in die Pflicht nehmen lassen, fühlen sich gestresst genug. Am Arbeitsplatz sind sie mit der Aufforderung konfrontiert, sich selbst zu optimieren, nach Ressourcen in sich zu schürfen. Nun auch noch die Aktivierung in den Ruhezonen?

Ja, wir brauchen einen Aufbruch in eine neue Kultur des Helfens. Sie darf nicht auf eine innergesellschaftliche Mobilisierung hinauslaufen, in der schließlich auch noch die 85-Jährigen an ihrer Aktivität und ihrem gesellschaftlichen Engagement gemessen werden. Die Rede vom zivilgesellschaftlichen Engagement oder von einer Kultur der Ehrenamtlichkeit kann auch gefährlich sein. Die gesellschaftlichen Defizite lassen sich in diesem Ausmaß ganz sicher nicht durch die Übernahme von Verantwortung und Aktivitätsschüben kurzerhand beheben. Die Machtlosen werden da unter der Überschrift »Verantwortung übernehmen« am Machbarkeitswahn beteiligt. Vielleicht wäre es manchmal hilfreicher, schweigend und gemeinsam frierend um ein Feuer zu sitzen, statt von zivilgesellschaftlichem Engagement zu schwätzen? Die beliebte und inflationäre Rede von der »Verantwortung« könnte auch der Trick sein, mit dem davon abgelenkt wird, dass die Entfernung zum Nächsten wächst und wächst. Die Wiedererwärmung in unserem Alltag fängt hier und jetzt an. Bei der Nachbarin, für die ich koche, wenn sie krank ist.

Beim Spaziergang mit dem dementen Herrn, der sonst nicht mehr auf die Straße kommt. Bei der Glühlampe, die ich für den 80-Jährigen einschraube.

Es ist verlockend, die Verantwortung in Planungsstäbe, in Konzepte, in Modellprojekte zu verschieben. Aber in der Selbstbegrenzung auf das, was wir tatsächlich selber machen können, liegt die Zukunft und die Möglichkeit, ein Feuer anzuzünden, um das wir gemeinsam sitzen, um uns zu wärmen.

KAPITEL 10

Es geht immer um Befreiung

Aufbrechen aus dem betäubten Alter

Like a bird on the wire
Like a drunk in a midnight choir
I have tried in my way to be free
LEONHARD COHEN, 80

So ist es nun am Ende dieses Buches Zeit, ein paar Mosaiksteine zusammenzusetzen. Daraus kann kein vollkommenes Porträt des Alters entstehen, es wird eher einem Gesicht ähneln, wie Pablo Picasso es gemalt hat: Die Nase sitzt irgendwo, die Augen sind verrutscht. Und doch stimmt das Bild. Hoffentlich auch hier.

Alt werden – was ist das? Ein Prozess langsamen Verlöschens? Eine Chance, noch einmal – befreit von Berufs- und Familienpflichten – neu anzufangen? Konfrontiert das Altwerden heute mit den gleichen Schwierigkeiten, wie sie Cicero in seinem großen Werk über das Alter *(De senectute)* schon vor 2000 Jahren beschrieben hat? Oder ist das Alter in der Informationsgesellschaft, die alles flexibilisiert und alle Erfahrung mit Hochgeschwindigkeit hinfällig macht, etwas völlig Neues?

Es gilt das eine wie das andere.

Wir leben in einem Zeitalter der Sandburgen: Was heute am Strand gebaut wurde, ist morgen schon weggeschwemmt oder niedergetrampelt. Die Errungenschaft von heute wird morgen schon veraltet sein. Die alt Gewordenen sehen bei diesem Schauspiel manchmal aus wie Zuschauer bei einem Tennisspiel. Der Kopf wendet sich nach links, nach rechts, nach links, nach rechts, um dem schnellen Spiel folgen zu können. Das Alter ist in einen Fortschrittshurrikan hineingerissen und kann sich auf keine Gewohnheiten, Traditionen oder Lebensrhythmen mehr stützen. Das Alter ist so frei wie noch nie und darum zugleich so orientierungslos wie noch nie. Gar nicht so leicht zu erkennen, was »das Alter« ist. Ist es vielleicht wie die Dinosaurier ausgestorben? Natürlich gibt es viele alte Menschen, aber das Alter als ein Lebensabschnitt mit einer besonderen Kultur und einem eigenen Geschmack? Es ist, wenn es nicht überhaupt verschwunden ist, wie unter einer Tarnkappe verborgen. Keiner kann sagen, wo es geblieben ist. Unfassbar wie ein wabbeliger Tofubrocken. Glitschig wie ein Aal. Sichtbar und konkret ist es dagegen im Spiegel der Dienstleistungen, die für die Alten erbracht werden, und in den Diskussionen um den demografischen Wandel, auch im Streit um Rentenpakete und Gesundheitskosten. Aber die Alten selbst reden da ja gar nicht mit. Also, was ist denn nun das Alter? Eine Veranstaltung im Freizeitpark? Eine kollektive Reiseveranstaltung? Ein Gesundheitswettbewerb? Oder doch etwas, was jeder Einzelne erst noch für sich herausfinden muss – ein unbekanntes Territorium, an dessen Eingang vielleicht stehen müsste: »Die unbekannte Kunst des Alterns?« Die weißen Flecken auf der Landkarte Afrikas sind längst verschwunden, aber inmitten der Landkarte unserer Gesellschaft ist ein großer weißer Fleck entstanden: das unbekannte Land des Alters.

Altern als Aufgabe

»Some things an old one can see sitting, a young one can't even see standing« – ein Sprichwort aus Tansania: Manches kann ein Alter im Sitzen sehen, was ein Junger noch nicht mal im Stehen sieht. Tröstlich – ich wünschte, das sei wahr. Das Sprichwort zielt auf Erfahrung, die mit dem Leben kommt. Gibt es irgendetwas heute, was dem Innovations- und Beschleunigungswahn, der uns umbrandet, standhält? Oder ist der Spruch unter unseren Lebensbedingungen eine alte Kamelle? Die Senioren-Besserwisserei soll damit ja nicht gemeint sein, nach dem Muster: Ich sehe doch, was kommt. Ihr Jungen könnt euch ruhig eine blutige Nase holen, ich weiß schon, wie es ausgehen wird. Hinter solch lächerlicher Altersweisheit steckt eigentlich nichts als muffige Starrköpfigkeit: Ihr werdet schon begreifen, dass ich Recht habe. Den Spruch und die Haltung kennt man von den eigenen Eltern, und das war schon immer öde. So öde wie die Feststellung alter Tanten, die aus der Sofaecke räsonieren: »Wir haben damals auch mit zwei Tassen angefangen!«, und die damit das leidenschaftliche Voranstürmen der Jugend unterbinden wollen. Sie sitzen und häkeln, und wenn der junge Mensch vorbeistürmt, strecken sie plötzlich den Fuß aus. Da spricht der kaum verhüllte Neid auf die Jugendlichkeit und die offene Zukunft der anderen doch Bände. Bisweilen haben alt Gewordene schon die Neigung, ihr eigenes Elend und ihre eigenen Enttäuschungen an den Nachfolgenden so festzunageln, dass auch sie dem Elend und der Enttäuschung (hoffentlich) nicht entkommen. Warum sollen die Jungen das Leben ohne Narben überstehen, die man doch selber schmerzhaft spürt? Ich hatte immer das Gefühl, dass die Gehorsamszwänge, die mein Vater drakonisch durchsetzte, nichts anderes waren als der Versuch, das stählerne Korsett, in dem er selber steckte, auch mir über den Leib zu ziehen.

Nein, ich fürchte, dass die Alten, so wie es heute steht, im Sitzen nicht mehr sehen können als die Jungen im Stehen. Aber vielleicht geht es darum, ein Alter zurückzuerobern, das Weitblick erlaubt, selbst wenn man nicht weit sehen kann? Das geht wohl nur, wenn sich die Alten nicht in die Leitkultur konsumistischer Verblödung fügen, sondern Schritte in Richtung selbstbewusster Befreiung versuchen. In klaren Augenblicken weiß ich – wie andere auch –, dass Vereinfachung und Vertiefung dazu die beiden wichtigsten Schritte wären. Artur Rubinstein, der große Pianist, hat im hohen Alter immer noch Konzerte gegeben, und sie waren großartig. Wie er das mache, wurde er als 80-Jähriger gefragt. Er habe sein Repertoire verringert, also eine Wahl getroffen. Außerdem übe er diese Stücke mehr als früher. Und weil er sie nicht mehr so schnell wie früher spielen konnte, hat er noch einen Kunstgriff angewendet: Vor besonders schnellen Passagen verlangsamte er sein Tempo; im Kontrast erschienen diese Passagen dann wieder ausreichend schnell.[94]

Der Philosoph Odo Marquard hat das Alter als einen Lebensabschnitt begriffen, der den Menschen gerade erst, fast zum ersten Mal, sehfähig macht. »Wer nichts mehr will, gewinnt – kompensatorisch – die Fähigkeit, viel zu sehen.«[95] Das Alter gibt die Möglichkeit, ohne Illusionen zu sehen *und* zu sagen, wie die Dinge sind. Das Alter sei insofern »theoriefähig«, denn die Theorie sei das, was man mache, wenn nichts mehr zu machen ist. Das ist einleuchtend, trifft aber nur zu, wenn da von einem Alter und von Alten die Rede ist, die sich vom Mitschwimmen im Mainstream des sogenannten ›erfolgreichen Alters‹ befreit haben.

Wenn ich Vorträge halte, dann ist das immer ein wenig wie der Sprung vom Dreimeterbrett, den ich nie gewagt habe. Ich habe es mir angewöhnt, allenfalls ein paar Stichworte aufzuschreiben, ansonsten rede ich frei.

Einerseits erlaubt es mir, die Zuhörer anzuschauen und auf diese Weise wahrzunehmen, ob sie noch zuhören. Wer zustimmend nickt oder finster dreinblickt. Ich spüre die Stimmung im Saal. Und andererseits ist es ein kleines Abenteuer. Reißt mir der Gedankenfaden? Kriege ich meine frei gesprochenen Sätze zu Ende? Und werde ich eines Tages erfahren, was ein Blackout ist?

Alter ist kein Zustand, sondern ein Werden. Martin Luther, der Reformator, hat das mit wunderbaren Worten gesagt: »Wir sind's noch nicht, wir werden's aber.«

> *Dass also dieses Leben nicht ist eine Frömmigkeit, sondern ein Frommwerden, nicht eine Gesundheit, sondern ein Gesundwerden, nicht ein Wesen, sondern ein Werden, nicht eine Ruhe, sondern eine Übung, wir sind's noch nicht, wir werden's aber. Es ist noch nicht getan und geschehen, es ist aber im Gang und Schwang. Es ist nicht das Ende, es ist aber der Weg, es glüht und glitzert noch nicht alles, es fegt (reinigt) sich aber alles.*

Schlage ich eine Brücke über die Jahrhunderte, dann höre ich Ernst Bloch etwas Ähnliches sagen: »Ich bin. Aber ich habe mich nicht. Darum werden wir erst.« Und das gilt auch und erst recht für das Alter. Nehmen wir noch einen meisterlichen Ratschlag hinzu, der daran erinnern kann, dass das Alter kein fertig geschliffener Marmorblock ist, sondern ein Werden, auch ein Ringen, ein Scheitern – und manchmal ein Gelingen. Das erschließen diese Fragen, die Luisa Francia »die notwendigen Fragen« nennt:

Wer bestimmt über Deine Zeit?

Über wessen Zeit bestimmst Du?

Wer trägt Dich?

Wen erträgst Du?

Wer ernährt Dich?

Wen ernährst Du?

Wer lehrt Dich?

Wen lehrst Du?

Wer liebt Dich?

Wen liebst Du?

Wer tauscht sich aus mit Dir?

Wer besitzt Dich, besetzt Dich?

Wen besitzt Du, von wem bist Du besessen?

Wer bestimmt über Deine Gedanken?

In wessen Gedanken sitzt Du?

Wem bist Du etwas schuldig?

Wer ist Dir etwas schuldig geblieben?

Wer geht Dir durch den Kopf?

Wer geht Dir unter die Haut?

Was treibt Dich und jagt Dich?

Was plagt Dich?

Wer ist Dir eine Last?

Jetzt weißt Du, was Du hast.[96]

Altern ist kein Zustand, sondern eine Aufgabe. Diese Fragen, die einem Jungen wie einem Alten gelten können, machen das Alter sichtbar als etwas, was wird, nicht als etwas, was ist. Auch im Alter kämpfen das Lebendige und das Tote wie im ganzen Leben in uns miteinander. In diesem Sinne kann ein 20-Jähriger tot sein wie ein Stein und ein 80-Jähriger lebendig wie eine Forelle. Aber es kann eben auch umgekehrt sein. Die Eiszeit in uns möchte immer voranschreiten. Das Stumpfe möchte die Oberhand gewinnen. Und dagegen hilft nicht Anstrengung, sondern Gelassenheit. Lassen können. Und deshalb ist Alter eine Auf-gabe. »Niemand rettet sich schwimmend mit Gepäck«, hat Seneca, der Philosoph und Lehrer Neros, gesagt. Seneca war Zeitgenosse Jesu. Nero hat ihm, seinem ehemaligen Lehrer, schließlich den Selbstmord befohlen. An Seneca fasziniert mich am meisten, was er auf die Frage: »Aber du lebst selber doch gar nicht so, wie du es in deinen Schriften forderst? Einfach, bescheiden, gelassen?«, geantwortet hat. Denn dieser Mann, 65 Jahre ist er geworden, hat gesagt: »Ich krieche eben mein ganzes Leben dem, was ich gesagt habe, hinterher.«

Out of time?

Bin ich alt? Ja. Muss ich alles, was da heute gemacht wird, gut finden, um nicht *out of time* zu sein oder unmodern, irgendwie modrig? Muss ich allem zustimmen, was sich als Fortschritt ausgibt, nur um nicht dumm aufzufallen oder als rückwärtsgewandt abgestempelt zu werden?

Zum Beispiel bei diesem Thema: 550 000-mal wird in Europa pro Jahr eine künstliche Befruchtung durchgeführt. 300 bis 400 deutsche Kinder kommen jährlich mittels Eizellspende auf die Welt. In Tschechien oder Spanien werden Eizellspenderinnen für eine Aufwandsentschädigung von bis zu 1000 Euro vermittelt.[97] Leihmütter lassen sich vor allem in Osteuropa oder Indien finden. Ein »Erfolgspaket« – so Ulrike Baureithel – kostet bis zu 10 000 Euro. Die Leihmütter bekommen davon nur einen Bruchteil, und wenn das ausgetragene Kind nicht den Erwartungen entspricht, weil es zum Beispiel behindert ist, wird es einfach nicht abgeholt. Die Kinder bleiben staatenlos.

Die Lieferantinnen, die gezwungen sind, ihre Körperressourcen zu verkaufen, sind gegenüber den Käufern und Käuferinnen in einer schwachen, nahezu rechtlosen Lage. Die Anwälte der Reichen sprechen von »Fortpflanzungsfreiheit«, die dem Recht auf Bildung gleichzustellen sei.

Als Mann, als alter Mann zumal, ist es fast unmöglich, zu diesen Reproduktionsprozessen, die sich immer mehr beschleunigen und raffinieren, etwas zu sagen. Ich erinnere mich an öffentliche Diskussionen, in denen mir das Maul umstandslos gestopft wurde, als ich dazu Skeptisches geäußert habe. Wenn eine Frau ein Kind haben wolle, dann sei das ausschließlich ihre

Sache, und sie könne alle Wege gehen, die da möglich seien.

Ist das wirklich so? Ist diese Sache mit den Leihmüttern nicht doch etwas, was an eine Variante der Sklaverei erinnert? Rechtfertigt der Wunsch nach einem Kind wirklich alles? Oder greift da die konsumistische Mentalität der Bewohner reicher Länder nach den Körperressourcen der Armen – die Bodenschätze hat man sich ja schon angeeignet?

Ich kann nicht umhin zu sagen: Mir gruselt's. Muss ich mir das abtrainieren? Muss ich mich modernisieren, muss ich mir den altbackenen Begriff »natürlich« abgewöhnen? Darf alles gemacht werden, was man machen kann?

Aber die Entwicklung hat mich ja schon wieder überholt. Denn diese Fragen sind, kaum dass man sie stellt, bereits wieder altmodisch. Denn die Leihmütter scheinen auszusterben, kaum dass sie geboren haben. Die »Frischware« ist out, die Zukunft geht in Richtung Tiefgefrorenes. Eizellen auf Vorrat (das heißt im Englischen absurderweise *social freezing*!) versprechen denen, die damit handeln, erhebliche Handelsspannen. »Der perfekte Embryo kann nicht nur im Reagenzglas ausgesucht werden, es stehen mittlerweile auch Apparate bereit, die es ermöglichen, den Teilungsprozess am Bildschirm zu verfolgen, und es erlauben, fehlerhaftes Material gleich auszusondern.«[98] In Großbritannien ist man noch einen Schritt weiter: Fehlerhaftes Material wird im Vorfeld vermieden. Bei bestimmten Erbkrankheiten setzt man entweder eine befruchtete Eizelle oder aber die Kernteilungsspindel einer unbefruchteten Eizelle in die entkernte Eizelle einer nicht erkrankten Spenderin ein. (Ich habe das dreimal gelesen, bis ich ungefähr verstanden habe, was da gemacht wird. Was waren das für primitive, aber irgendwie verständliche Zeiten, als man noch miteinander geschlafen hat, um ein Kind zu bekommen.) Das Ziel dieses britischen »Freilandexperimentes« (so nennt es Ulrike Baureithel) ist die vollständige Abschaffung solch ärgerlicher Mutationen, wie sie Erbkrankheiten oder andere Behinderungen darstellen. Kinder mit Down-Syndrom werden heute ja meistens schon im Mutterleib ausgesondert. Für die Kinder, die aus diesem britischen Reproduktionsexzess entstehen, gilt: Sie stammen von drei Elternteilen ab.

Aber das ist wohl nur für jemanden, der wie ich aus dem vorigen Jahrhundert stammt, etwas, was Gänsehaut verursacht. Wo befinde ich mich, wenn ich das höre? Verstehe ich noch, was passiert? Ich kenne Eltern, die alles, was man machen kann, versucht haben, um sich den Kinderwunsch zu erfüllen, der auf traditionellem Wege nicht erfüllbar war. Ich kann das nicht nachvollziehen, aber ich kann versuchen, es mitfühlend nachzuempfinden. Es bleibt mir dennoch unheimlich, dass wir uns auf dem Weg zu einer industriell herstellbaren Schwangerschaft befinden, die mit dem Versprechen verbunden ist, fehlerfreie Produkte zu liefern. An die glaube ich übrigens schon mal gar nicht – muss man sich irgendwann Rückrufaktionen wie bei Autos mit Produktionsfehlern vorstellen?

Robert Redford hat uns mit seinem Film *All is lost* eine wunderbare, auch traurige Geschichte über das Altsein geschenkt. Er, der alte Mann, steht auf seinem schwer leckgeschlagenen Segelboot, allein, festgeklammert an der Reling. Ein im Meer treibender Container hat das Boot manövrierunfähig gemacht, und das Wasser schießt in den Rumpf. Ein Containerschiff zieht an ihm vorbei, die Blechkisten sind bis zum Horizont hoch gestapelt, das Ganze wirkt wie ein unheimliches stählernes Hochhaus. Kein Mensch ist zu sehen, kein Laut zu hören. Ein schweigendes Monstrum. Der Versuch, auf sich aufmerksam zu machen, ist aussichtslos. Es gibt niemanden, der ihn hören oder sehen könnte. Die Geschichte geht (wie das vorbeifahrende Schiff) über ihn und seine Segelschiffromantik hinweg. Damit – so signalisiert dieses fortschrittliche Geisterschiff – bist du endgültig allein. Ein verlorener, einsamer, alter Mann. So komme ich mir manchmal vor: wie auf einem leckgeschlagenen Boot, das im Begriff ist unterzugehen, und der Versuch, Gehör zu finden, verhallt im Nichts. Kinder, die aus dem *social freezing* kommen, deren Entstehen und Werden ein industrieller Prozess ist, die fehlerfrei sein sollen, die kontrollierte Produkte wie die Container auf dem Schiff sind, die verschiedene Aussortierungsprozesse überstanden haben, die drei (oder mehr) Elternteile haben: Und ich soll glauben, dass das alles folgenlos ist, schierer Fortschritt? Mir ist es unheimlich.

Wenn wir an die neuen im Labor entstandenen Wesen denken, darf man vermuten, dass ihr Ende dem Anfang gleichen wird. Sie werden – palliativ überwacht und betreut – einem industriell kontrollierten Ende entgegengehen. Schmerzfrei, sediert, irgendwann abgeschaltet, werden sie sich der Wieder-Auflösung ihrer Zellkombination fügen. *Final freezing*. Eigentlich macht die Reproduktionsmedizin klarer als alles andere, dass ich nicht nur alt bin, sondern so überholt wie ein von Flechten überzogener, krummer Apfelbaum, der verschwinden muss, um einer exakt geschnittenen, gradlinigen sauberen Hochertragssorte zu weichen.

Sind die Alten die Bad Bank im demografischen Wandel?

Dass die deutsche Bevölkerung wächst und nicht schrumpft, verdankt sich der jährlichen Nettozuwanderung von geschätzten 340 000 Menschen. Die als »Überalterung der Gesellschaft« beschriebene demografische Veränderung ist nicht zu bestreiten, aber man kann auch sehen, dass sich Politik und Wirtschaft des Themas in einer Weise bemächtigen, bei der oft eigene Interessen bedient werden. Der Allianz-Chef Michael Diekmann setzte den demografischen Wandel in Parallele zum Klimawandel. »Wir müssen jetzt handeln«, forderte er im Rahmen eines Demografieforums des Konzerns. »Denn wie beim Klimawandel ist es schmerzhafter, je länger wir warten.« Gezeigt wurde dazu eine Grafik, die besagte, dass im Jahr 2060 über die Hälfte der deutschen Bevölkerung über 60 Jahre alt sein wird – ein Horror vielleicht für die leistungspflichtigen Versicherer, aber auch für die Gesellschaft? So fragt Ulrike Baureithel.[99] Es sei eine Mär, dass die »Flut« alter Menschen, die über Gebühr die Sozialkassen sowie medizinische und pflegerische Ressourcen beanspruchen, eine Bedrohung darstellten. Tatsächlich sinken die Krankenhauskosten mit zunehmendem Alter und steigen erst im letzten Lebensjahr deutlich an. Die Horrorvisionen, die aus dem Phänomen demografischen Alterns abgeleitet werden, lenken, so sagt Ulrike Baureithel, von der ungerechten Verteilung zwischen Arm und Reich ab.[100]

Sitzen die Alten irgendwann in einem zu vollen Boot, muss dann einer nach dem anderen über Bord springen?

So wird es wohl nicht sein, hoffentlich. Zumindest führt die Deckelung der Kosten im Gesundheitswesen dazu, dass Alte nicht mehr alles kriegen. Und der häufige Satz »Ich will niemandem zur Last fallen« erklärt nicht selten den freiwilligen Sprung über Bord – ins Pflegeheim.

In jeder Betrachtung, die den einzelnen Menschen zum Teil einer statistischen Größe macht, lauert die Gefahr, diesen Zahlenklumpen zu managen, zu ordnen, zu manipulieren: Die Alten verschwinden als einzelne Menschen und tauchen wieder auf als gesichtslose Masse, als statistische Partikel und damit als Gefahr für den überlasteten Sozialstaat. Die Alten sind die faulen Kredite einer Gesellschaft, die am Sozialstaat zweifelt und Nützlichkeitserwägungen in den Vordergrund stellt: Sind sie die Bad Bank eines Systems, das auf die Alten misstrauisch schaut, als wären sie parasitäre Nutznießer einer Leistungsgesellschaft, ohne noch selber etwas beizutragen? Faule Kredite des Sozialstaats.

Die Gründe dafür liegen in der schleichenden Entwertung des Alters, das eine Art Doppelbelastung darstellt: Die Alten sind erstens zu viel und zweitens nicht brauchbar. Das wird ihnen eigentlich ständig zugeflüstert oder ins Ohr geschrien.

Dieser Prozess der Entwertung des Alters hat in der Mitte des vorigen Jahrhunderts begonnen. Der französische Soziologe Pierre Bourdieu verdeutlicht dies an einem Beispiel aus den Fünfzigerjahren des vergangenen Jahrhunderts in Algerien, das damals noch eine französische Kolonie war: Viele Bauern wurden zwangsweise umgesiedelt und fanden sich schließlich in Lagern wieder. Die Umsiedlung hatte eine Entwertung der bäuerlichen Kenntnisse und Erfahrungen zur Folge. Die Kompetenzen der Bauern waren in dieser Lagersituation plötzlich nutzlos oder sogar abwegig.

»Am meisten betroffen von diesem Umsturz waren die Alten, die Wahrer der Tradition, die aufgrund des Alters und ihrer Verbundenheit mit der traditionellen Ordnung kaum mit der ungewohnten Situation klarkommen und entsprechend wehrlos sind.«[101] Das Lager war der Stadt ähnlicher als dem Land, und das sorgte für einen Umsturz der Hierarchien. Die Jüngsten, die man ehemals beschützen musste, wurden im Lager zu Beschützern. Das Land befand sich in einer revolutionären Situation, was den Verlust des Ansehens der Alten noch verstärkte. In einer Versammlung erwiderte ein junger Mann unter dem Beifall der Versammelten einem der bislang respektierten alten Männer: »Ach ja, ihr Alten, wir wissen schon, was ihr getan habt! Ihr seid doch verantwortlich für das, was heute mit uns passiert.«[102] Modernisierung und Verstädterung lassen die Macht und das Ansehen der Alten zusammenbrechen. In Namtumbo, einem Dorf im Süden Tansanias, sagt bei einem Interview ein alter Mann: »Der Zeitpunkt der Aussaat war und ist von großer Bedeutung für unser Leben und unser Überleben. Man muss so früh wie möglich mit der Aussaat beginnen – zusammen mit der einsetzenden Regenzeit. Manchmal kündigt sich die Regenzeit mit einem Schauer an – und dann bleibt es doch noch zwei Wochen trocken. Wenn das passiert, vertrocknet die gerade aufgegangene Saat, und es wird keine Ernte geben. Wer da entscheidet, trägt eine hohe Verantwortung.«

Ich glaube, es ist für uns Supermarkteinkäufer wichtig, sich einen Augenblick in eine solche Situation hineinzuversetzen. Die falsche oder richtige Entscheidung gibt den Ausschlag, ob es etwas zu essen gibt, ob man hungern wird oder nicht. Der alte Mann erzählt, wie sich heute die Verhältnisse umgedreht haben. Früher war ein Ältestenrat dafür verantwortlich, »Los« zu sagen. Vorher traute sich niemand, mit der Aussaat zu beginnen. Heute warten alle darauf, dass die jungen Bauern das Okay geben, denn sie sind es, die die Wetternachrichten der Regierung hören.

Ob die staatlichen Wetternachrichten oder die Erfahrungen der Alten verlässlicher sind, sei dahingestellt. Aber man kann ganz deutlich sehen, wie die neuen Zeiten die Macht zu den Jungen verschieben. Die Zukunft gehört den Jungen im doppelten Sinne des Wortes: Sie haben die Instrumente, um die Zukunft zu planen und in den Griff zu bekommen, weil sie jung sind und weil sie mit den schwierigen und komplexen Instrumenten der digitalen Welt besser umgehen können. Wahrscheinlich ist die Balance zwischen Jung und Alt noch nie so aus dem Gleichgewicht geraten wie heute. Die jungen, starken Männer und Frauen wurden immer gebraucht, um das Vieh zu hüten, die Äcker zu bestellen, Krieg zu führen, die Nachkommenschaft zu sichern. Aber die Alten hatten ihren Weisheitsvorsprung, ihre Kenntnisse, und sie waren das Bindeglied zwischen Diesseits und Jenseits – fast schon Ahnen, die einen guten oder gefährlichen Einfluss auf das Leben der Gemeinschaft haben konnten. So wie es einen Balanceakt zwischen Frauen und Männern gab, in dem die beiden Geschlechter aufeinander angewiesen waren, so gab es auch einen Balanceakt zwischen Jungen und Alten. Das ist in beiden Fällen nicht immer gelungen: Patriarchat oder Gerontokratie sind Beispiele für das Misslingen. Die Herrschaft der Männer oder der Alten, seltener die Herrschaft der Frauen oder der Jungen, sind Gesellschaftsformen, in denen sich ein durchsetzungskräftiger Teil die Güter und das Glück anzueignen versucht.

Heute, wie gesagt, ist die Balance auf andere Weise verloren gegangen. So wie sich die Unterschiede zwischen Männern und Frauen zugunsten einer Uniformität abgeschliffen haben, so sind die Unterschiede zwischen Alten und Jungen abgeschliffen. Man kann das als einen Emanzipationsakt sehen, aber auch den langweiligen, spannungslosen gesellschaftlichen Eintopf bedauern. Wir sind weder Mann noch Frau, weder alt noch jung, sondern gleichgeschaltete Konsumenten, flexible Neutren.

Natürlich ist das kein Plädoyer für Hierarchie, Unterordnung, Ausbeutung. Darin ist Sibylle Berg zuzustimmen, die vom mühsamen, schwierigen, manchmal krampfhaften Weg zur Gleichberechtigung von Frauen am Arbeitsplatz spricht: »Irgendwann werden sogar Vollpfosten sich daran gewöhnt haben, dass es kaum Unterschiede zwischen den Geschlechtern gibt. Dann wäre man einfach Mensch – und nicht mehr Teil verfeindeter Lager.«[103]

Das leuchtet ein und ist doch so borniert wie ein Maisfeld im Amazonas-Urwald. Humane Monokulturen, auf denen Wesen gedeihen, die alle ›Mensch‹ heißen, aber irgendwie auf langweiligste Weise gleich sind. So hat es Ivan Illich, hier der Gegenpol zu den Thesen von Sibylle Berg, formuliert: »Erbarmungslos verwandeln ökonomische Institutionen die zwei Geschlechter in etwas Neues, nämlich in ökonomische Neutra, die sich durch nichts unterscheiden als durch ihr biologisches Geschlecht, das jeder kulturellen Einbettung beraubt ist.«[104] Wir bewegen uns – so Ivan Illich – in eine Welt hinein, in der eine Ökonomie von lauter gleichen menschlichen Subjekten, von gleichgeschalteten Menschen hergestellt wird. »Eine Industriegesellschaft kann nicht existieren ohne bestimmte Unisex-Postulate: Männer und Frauen sind für die gleiche Arbeit geschaffen, sie nehmen die gleiche Wirklichkeit wahr, und sie haben, mit geringfügigen kosmetischen Abweichungen, die gleichen Bedürfnisse.«[105]

Dass Männer und Frauen aufeinander bezogen sind, das ist schon fast nur noch eine Erinnerung. Für die Beziehungen zwischen Jungen und Alten gilt das Gleiche: Sie sollen eigentlich gleich sein, bis auf die Falten. Gleiche Vergnügungen, gleiche Bedürfnisse. Das Leben ist eine Linie, auf der sich Männer, Frauen, Alte, Kinder in gleicher Weise vorwärtsbewegen. Ein standardisierter Mittelmensch, der sich in seinen Optionen und seinem

Verhalten nicht mehr gravierend unterscheidet. Bis auf ein paar Falten. Ohne Lebensrhythmus, eigentlich auch ohne Biografie.

Mehr, mehr, mehr

Das Alter macht uns Kopfzerbrechen. Es gibt so viele alte Menschen, und es werden immer noch mehr. Manchmal könnte man meinen, dass sich bei uns heute alles um die Alten dreht. Pflegereformen, Enquetekommissionen – die Regierung ist mit dem Thema befasst. Schließlich sind die Alten eine der größten Wählergruppen. Wer kann sie für sich gewinnen? Werden die Alten nicht gerade zugleich vor allem Kunden, wichtige Kunden? Was wäre die Dienstleistungsindustrie ohne das Millionenpublikum der Seniorinnen und Senioren? Da ist ein auf Wachstum ausgerichteter Versorgungssektor zu sehen, der die Automobilindustrie in den Schatten stellt, und er macht unablässig von sich reden (›Werden wir in Zukunft genug Pflegekräfte haben?‹). Dieser Alten-Dienstleistungssektor wird in den Medien kritisiert, wird untersucht, evaluiert. Ein dankenswert skandalisierbares Themenfeld der Journalisten und Wissenschaftler, die sich den Ball immer wieder gegenseitig zuwerfen. Und der vielstimmige Chor der Interessierten kennt offenbar nur ein Lied, das gesungen wird: *Mehr, mehr, mehr.* Das singen die Betroffenen, die Versorger, die Wissenschaftler – das Lied singt der Gesundheitsminister Hand in Hand mit der Pflegewissenschaftlerin, die Krankenschwester intoniert es Hand in Hand mit den Gerontomanagern in der Sozialstation.

Die Frage, ob wir uns vielleicht auf dem falschen Weg befinden, findet dagegen kaum einen Platz. Die Alten und ihre Bedürfnisse sind omnipräsent: Im Schaufenster der Apotheke springt mir Reklame für Anti-Aging-Produkte ins Auge. Auf dem Bahnhof wirbt die Regierung Baden-Württembergs für neue Wohnformen im Alter. Die Alten werden rundum erforscht – wie viele Medizinerkongresse gibt es in diesem Jahr allein zum Thema Altersmedizin, Altersleiden! Die Zahl der Gerontologen wächst exponentiell und im Takt mit der Zunahme der Alten. Die Alten sind eine Obsession. Manchmal ist das unheimlich: Wenn in den alten, reichen Gesellschaften, die ja gewaltige Konkurrenzkrisen mit den jungen Wirtschaftsmächten (China, Indien) vor sich haben, unablässig von den Alten und ihren Problemen geredet wird, feiern und inszenieren diese Gesellschaften da besessen und fasziniert zugleich ihren eigenen Untergang? Die Alten werden von der Politik, der Wirtschaft, den Medien eilfertig bedient, wegen der Macht, wegen der Umsätze, wegen der Resonanz.

Es ist nicht ganz klar, wie es so weit kommen konnte. Jedenfalls tut es den Alten nicht gut – und den Jüngeren auch nicht. Hat eine selbstsüchtige Clique von Senioren und Seniorinnen es geschafft, die Themenfelder der Gesellschaft so zu besetzen, dass dieses Thema alles andere dominiert? Enkelfreundlich ist das jedenfalls nicht. Die Alten sind im Grunde eine Vorhut des Narzissmus. Darin sind sie Täter und Opfer zugleich. Ihr Leben ist durch den kontinuierlichen Zuwachs an Autonomie und Individualisierung gekennzeichnet. Wir sind durch das Leben gerannt und gerannt, haben alles hinter uns gelassen, und nun stehen wir erfolgreich auf der Ziellinie – und sind allein. Allein mit unserem Ego. Wir sind zugleich Getriebene. Der Weg in den individualistischen Narzissmus war vorgegeben. Es wäre nicht leicht gewesen, sich seitwärts in die Büsche zu schlagen.

Holen wir uns das Alter zurück!

Es gilt, dem Alter nicht zu entfliehen, sondern es bei den Hörnern zu packen. Ivan Illich hat 1995 geschrieben: »Leiden, Heilen und Sterben, also wesentlich intransitive Aktivitäten, die die Kultur einst jeden einzelnen lehrte, werden heute von der Technokratie als Gegenstände politischen Gerangels beansprucht und als Funktionsstörungen behandelt, von denen die Bevölkerung durch Institutionen befreit werden soll.«[106] Für das Altwerden gilt Ähnliches. Das Alter ist ein schwieriges Areal geworden, weil die Rhythmisierung des Lebens ausradiert ist, man findet keine kulturellen Gehäuse mehr vor, die für das Alter eingerichtet sind. Eine Subsistenz des Alters, die aus dem Selbstverständlichen entstünde, die die Gesellschaft den alt Werdenden als Lebensmöglichkeit anbietet, ist nicht mehr. Stattdessen muss man fit sein bis zum Schluss, leistungsfähig, heiter und erfolgreich. Das Thema erfolgreiches Altern erfreut sich in der Gerontologie erschreckender Beliebtheit. Konkurrenzbewusst muss man sein. Man muss akkumulieren, was das Zeug hält, um bis zum aufgeklappten Sarg als erfolgreich dazustehen. Wieso muss man als Alter eigentlich an dem allgemeinen grinsend-fröhlichen Schwachsinn teilhaben? Nur damit die Jüngeren nicht beunruhigt sind, wenn sie an ihr eigenes Alter denken?

Ich wundere mich immer, dass es so viele Menschen nach Berlin zieht. Ich verstehe, dass sie hoffen und vermuten: Da rauscht das Leben. Da ist was los. Das stimmt ja auch. Hunderte von Veranstaltungen an jedem Tag, zwischen denen man wählen kann. Gutsituierte Rentner, die nach Berlin ziehen, weil sie da endlich Kultur in vollen Zügen genießen können. Junge Leute, die sich vom pulsierenden Leben angezogen fühlen.

Ich denke, dass da bei dieser Großstadteuphorie jedenfalls auch etwas anderes eine Rolle spielt: Die Menschen werden immer einsamer, soziale Zusammenhänge werden seltener. Kirchen, Parteien, Gewerkschaften, Sportvereine dünnen aus. Die alten nachbarschaftlichen Milieus in Dörfern und städtischen Siedlungen verschwinden – und immer mehr Menschen leben allein. Besonders die Alten. Aber auch bei jungen Menschen ist das Singledasein die häufigste Existenzform. Die Großstadt, ob nun Berlin oder München oder Hamburg, deckt diese neue Einsamkeit zu. Das Menschengewimmel, die Fülle der Läden, Galerien, die Event-Lawinen lassen die Furcht vor dem Alleinsein nicht aufkommen. Die Restaurants sind voll, der ohrenbetäubende Krach verhindert, dass man seiner Einsamkeit innewerden muss. Bei Stadtteilfesten zelebrieren die Menschen zwischen Currywurst und Bierkrügen ihre mühsam verdrängte Angst vor dem Alleinsein.

Bald werden 80 Prozent der sieben Milliarden Menschen in Städten wohnen. Und irgendwie drängt sich mir der Eindruck auf, dass sie, ob in Hongkong, Kapstadt, Buenos Aires oder Seattle, ja doch immer nur dasselbe finden. Sie leben überall als Konsumenten, und sie kaufen und verbrauchen weltweit die gleichen Dinge. Die Edelboutiquen sind ebenso global wie die Billigmarken. Gibt es eigentlich wirkliche Unterschiede zwischen dem Leben in Peking oder London? Der Smog riecht wahrscheinlich unterschiedlich, und die Sprachen unterscheiden sich. Aber die Lebensstile sind gleichgeschaltet.

Und so wächst gleichzeitig das Gefühl, dass es keinen Unterschied macht, wo wir sind – und dass wir doch nirgendwo zu Hause sein können.

Ich denke, die spürbare Begeisterung für das Landleben, die Flucht ins Grüne, das selbst angebaute Gemüse und den freien Blick fördern eine verschüttete Sehnsucht der Menschen zutage – auch wenn sich dann das

Leben auf dem Lande als etwas herausstellt, was sich vom Städtischen kaum unterscheidet. Dieselben Betonzellen, in denen die Menschen neben ihren Autos schlafen. Wärmegedämmt natürlich, Solaranlage auf dem Dach. Mir scheint bisweilen, dass diese Selbsteinmauerung in Styropor oder Ökodämmplatten vor allem dazu dienen soll, die auseinanderbrechenden Familien beieinanderzuhalten.

Das Paradies lässt sich so nicht finden. Das Paradies, in dem Adam und Eva nackt und wunschlos glücklich lebten, ist uns entschwunden. Der Himmel, der unser künftiges Paradies werden sollte, wird nicht mehr geglaubt. Jedenfalls nicht mehr von vielen. Aber der Himmel ist christlich nie wirklich als ein *Ort* gedacht gewesen, sondern als ein *Zustand*. Jedenfalls ist das eine starke Tradition im christlichen Glauben: Das Himmelreich ist mitten unter uns (wie es im Lukasevangelium heißt), wenn – ja, wenn Liebe, Einfühlsamkeit, Mut im Alltag aufscheinen. Augenblicksweise. Dass die Hölle ein Zustand ist, das können wir fast täglich erfahren – im Scheitern, im Streit, in der Verzweiflung. In der Stadt und auf dem Lande. Deswegen kann der Himmel auch wahrscheinlich gleichzeitig in einer afrikanischen Hütte, in der Nahrungsmangel herrscht, gegenwärtig sein wie am Rande eines bäuerlichen Reisfeldes in Indien, an dem eine Familie um ihr Überleben kämpft. Der Himmel hat in den Palästen der Reichen wenig Chancen, das steht fest. Und die Himmelshoffnung, die so ausgedünnt ist, die macht sich für mich fest an solchen Geschichten wie der vom armen Lazarus, der nach seinem Tode in Abrahams Schoß sitzt und zu dem reichen Mann hinüberschaut, der in höllischer Einsamkeit um Hilfe schreit. Der hatte dem Lazarus nicht die Krümel, die von seinem Tisch fielen, gegönnt. In dieser Welt, in der auf geheimnisvolle Weise der Abgrund zwischen den Reichen und den Armen jeden Tag größer wird, an dem jeden Tag Kinder verhungern, während sich Reiche das Fett absaugen lassen: In solchen Zeiten wächst die hoffnungslose Hoffnung darauf, dass der Himmel dennoch in unseren Alltag einbrechen kann. Überraschend, unverhofft, un-glaublich.

»Wer nur einigermaßen zur Freiheit der Vernunft gekommen ist, kann sich auf Erden nicht anders fühlen denn als Wanderer, – wenn auch nicht als Reisender nach einem letzten Ziele: denn dieses gibt es nicht. Wohl aber will er zusehen und die Augen dafür offen haben, was alles in der Welt eigentlich vorgeht; deshalb darf er sein Herz nicht allzufest an alles einzelne anhängen; es muß in ihm selber etwas Wanderndes sein, das seine Freude an dem Wechsel und der Vergänglichkeit habe.«[107] Das ist ein seltsamer Widerspruch: In einer Flexibilisierung des Lebens, die auch das Alter erfasst hat, kommt etwas merkwürdig Statisches zum Tragen, das das Alter unablässig dem Prozess zu entziehen versucht. Freiheit läge wohl im Wahrnehmen, im Akzeptieren, dass das Altern etwas von einer Wanderung hat. Zukunftsfreudiger als Nietzsche hat das Hermann Hesse in seinem Gedicht gesagt, das alle Rede über das Altwerden im Schönen und Schrecklichen, im Hellen und im Dunklen einschließt:[108]

Stufen

Wie jede Blüte welkt und jede Jugend
Dem Alter weicht, blüht jede Lebensstufe,
Blüht jede Weisheit auch und jede Tugend
Zu ihrer Zeit und darf nicht ewig dauern.
Es muß das Herz bei jedem Lebensrufe
Bereit zum Abschied sein und Neubeginne,
Um sich in Tapferkeit und ohne Trauern
In andre, neue Bindungen zu geben.
Und jedem Anfang wohnt ein Zauber inne,
Der uns beschützt und der uns hilft, zu leben.
Wir sollen heiter Raum um Raum durchschreiten,
An keinem wie an einer Heimat hängen,
Der Weltgeist will nicht fesseln uns und engen,
Er will uns Stuf' um Stufe heben, weiten.
Kaum sind wir heimisch einem Lebenskreise
Und traulich eingewohnt, so droht Erschlaffen,
Nur wer bereit zu Aufbruch ist und Reise,
Mag lähmender Gewöhnung sich entraffen.
Es wird vielleicht auch noch die Todesstunde
Uns neuen Räumen jung entgegen senden,
Des Lebens Ruf an uns wird niemals enden ...
Wohlan denn, Herz, nimm Abschied und gesunde!

Der letzte Satz in Voltaires Novelle *Candide*, die voller Pessimismus und Skeptizismus die Geschichte des Protagonisten Candide erzählt, der von Unglück zu Unglück stolpert, lautet: *mais il faut cultiver notre jardin* – alles schön und gut, aber unser Garten muss bestellt werden. Vielleicht ist das der klügste Satz, der über das Altwerden zu sagen ist: Weg mit den großen optimistischen oder pessimistischen Bildern, hin zu einem einfachen Alltag, der seinen Sinn aus der normalen Tätigkeit bezieht ...

Epilog

Aus meinen Kindertagen ist mir eine Geschichte erinnerlich, die ich bei Karl May gelesen habe. Im Wüstengebiet des Llanos Estacados gibt es Wege, die durch in den Boden gerammte Pfähle gekennzeichnet sind, damit Reisende den Weg finden. Verbrecher (die Stakemen) versetzen in Karl Mays Erzählung die Pfähle, sodass sich die Reisenden verirren, vor Durst fast umkommen und dann ausgeraubt werden. Ich habe diese Winnetou-Geschichte immer wieder gelesen. Heute habe ich den Eindruck, sie ist eine Metapher für das Altwerden. Die Stakemen haben die Pfähle versetzt: Abgelenkt werden wir vom Weg, gelockt in eine Alterswüste, in der wir verdursten sollen. Diese Alterswüste sieht wie das Schlaraffenland aus, sie ist aber bei genauerer Betrachtung nichts als eine Einkaufsmall, in der wir alleingelassen herumstolpern. Ein Irrweg, der uns von dem Weg in ein nachdenkliches, unsere Sinne vertiefendes Alter ›ab-lenkt‹. Es geht nicht darum, den Sinnenfreuden dieser Welt zu entsagen und sich in eine Eremitenklause zu verkriechen. Vielmehr geht es darum, das Leben nicht dadurch zu versäumen, indem man sich der *Ablenkung* verschreibt. Wie schön dieses Wort »versäumen« ist. Es kommt aus der einfachen Tätigkeit des Nähens, bei dem man den Saum falsch nähen kann, man versäumt sich. Man kommt vom Wege ab. So kann man das Altwerden versäumen.

Mir ist eine kurze Geschichte, die Franz Kafka 1915 geschrieben hat, zum Inbegriff der bedrohlichen und befreienden Möglichkeiten des Alters geworden. Ich habe sie immer wieder gelesen, und ich glaube, dass ich sie jetzt ein wenig besser verstanden habe. Die Geschichte sagt: Es ist eigentlich (fast) nie zu spät zu mutigen Schritten. Die Türen sind offen, um aufregende, befreiende Räume des Alters zu betreten. Man muss es nur wagen. Kafkas Geschichte ist bedrohlich, weil sie zeigt, dass ängstliches Verharren dazu führen kann, dass die Möglichkeiten des Lebens verschüttet werden. Der Zugang zur Schönheit des Alters ist immer offen, aber die abgelenkte, ängstliche Unentschlossenheit kann dazu führen, dass man am Ende sagen muss: Dumm gelaufen. Das Alter konfrontiert noch einmal mit dem Leben, im Gelingen und im Scheitern. Kafkas *Türhüterparabel* ist, richtig gelesen, eine Befreiungsgeschichte:

Vor dem Gesetz steht ein Türhüter. Zu diesem kommt ein Mann vom Lande und bittet um Eintritt in das Gesetz. Aber der Türhüter sagt, dass er ihm jetzt den Eintritt nicht gewähren könne. Der Mann überlegt und fragt dann, ob er also später werde eintreten dürfen. »Es ist möglich«, sagt der Türhüter, »jetzt aber nicht.« Da das Tor zum Gesetz offensteht wie immer und der Türhüter beiseitetritt, bückt sich der Mann, um durch das Tor in das Innere zu sehen. Als der Türhüter das merkt, lacht er und sagt: »Wenn es dich so lockt, versuche es doch, trotz meines Verbotes hineinzugehn. Merke aber: Ich bin mächtig. Und ich bin nur der unterste Türhüter. Von Saal zu Saal stehn aber Türhüter, einer mächtiger als der andere. Schon den Anblick des dritten kann nicht einmal ich mehr ertragen.« Solche Schwierigkeiten hat der Mann vom Lande nicht erwartet; das Gesetz soll doch jedem und immer zugänglich sein, denkt er, aber als er jetzt den Türhüter in seinem Pelzmantel genauer ansieht, seine große Spitznase, den langen, dünnen, schwarzen tatarischen Bart, entschließt er sich, doch lieber zu warten, bis er die Erlaubnis zum Eintritt bekommt. Der Türhüter gibt ihm einen Schemel und lässt ihn seitwärts von der Tür sich niedersetzen. Dort sitzt er Tage und Jahre. Er macht viele Versuche, eingelassen zu werden, und ermüdet den Türhüter durch seine Bitten. Der Türhüter stellt öfters kleine Verhöre mit ihm an, fragt ihn über seine Heimat aus und nach vielem andern, es sind aber teilnahmslose Fragen, wie sie große Herren stellen, und zum Schlusse sagt er ihm immer wieder, dass er ihn noch nicht einlassen könne. Der Mann, der sich für seine Reise mit vielem ausgerüstet hat, verwendet alles, und sei es noch so wertvoll, um den Türhüter zu bestechen. Dieser nimmt zwar alles an, aber sagt dabei: »Ich nehme es nur an, damit du nicht glaubst, etwas versäumt zu haben.« Während der vielen Jahre beobachtet der Mann den Türhüter fast ununterbrochen. Er vergisst die andern Türhüter, und dieser erste scheint ihm das einzige Hindernis für den Eintritt in das Gesetz. Er verflucht den unglücklichen Zufall, in den ersten Jahren rücksichtslos und laut, später, als er alt wird, brummt er nur noch vor sich hin. Er wird kindisch, und, da er in dem jahrelangen Studium des Türhüters auch die Flöhe in seinem Pelzkragen erkannt hat, bittet er auch die Flöhe, ihm zu helfen und den Türhüter umzustimmen. Schließlich wird sein Augenlicht schwach, und er weiß nicht, ob es um ihn wirklich dunkler wird oder ob ihn nur seine Augen täuschen. Wohl aber erkennt er jetzt im Dunkel einen Glanz, der unverlöschlich aus der Türe des Gesetzes bricht. Nun lebt er nicht mehr lange. Vor seinem Tode sammeln sich in seinem Kopfe alle Erfahrungen der ganzen Zeit zu einer Frage, die er bisher an den Türhüter noch nicht gestellt hat. Er winkt ihm zu, da er seinen erstarrenden Körper nicht mehr aufrichten kann. Der Türhüter muss sich tief zu ihm hinunterneigen, denn der Größenunterschied hat sich sehr zuungunsten des Mannes verändert. »Was willst du denn jetzt noch wissen?«, fragt der Türhüter, »du bist unersättlich.« »Alle streben doch nach dem Gesetz«, sagt der Mann, »wieso kommt es, dass in den vielen Jahren niemand außer mir Einlass verlangt hat?« Der Türhüter erkennt, dass der Mann schon an seinem Ende ist, und, um sein vergehendes Gehör noch zu erreichen, brüllt er ihn an: »Hier konnte niemand sonst Einlass erhalten, denn dieser Eingang war nur für dich bestimmt. Ich gehe jetzt und schließe ihn.«[109]

Wo ist der Eingang, der nur für mich bestimmt ist? Vielleicht kann ich das, was ich zu sagen versucht habe, mit dieser Geschichte noch einmal bündeln: Es wird erzählt, dass ein großartiger, bedeutender Cellist alt geworden ist. Er übt und übt. Aber er spielt nur noch einen Ton, immer wieder den einen Ton. Seine Frau fragt ihn: Aber warum spielst du keine Melodie, warum kein Stück? Und er antwortet: »Die anderen sind noch nicht so weit.«

Anmerkungen

1 Henry David Thoreau: Walden oder Leben in den Wäldern, Zürich 1971, S. 82.

2 Hermann Peter Piwitt: Lebenszeichen mit 14 Nothelfern, Göttingen 2014, S. 47. Piwitt gebraucht die Formulierung: »Altwerden ist wirklich das Dümmste, was einem passieren kann.«

3 Marcus Tullius Cicero: Cato der Ältere. Über das Alter, 4. Auflage, Berlin 2004, S. 232.

4 viva!, April/Mai 2014, S. 29.

5 Ebd., S. 30.

6 Johann Wolfgang Goethe: Faust II, letzter Akt.

7 Peter Sloterdijk: Streß und Freiheit, Berlin 2011, S. 10.

8 Ebd., S. 10.

9 Harald Welzer: Selbst denken. Eine Anleitung zum Widerstand, 2. Auflage, Frankfurt am Main 2013, S. 154. Hervorhebungen im Original.

10 Zensus 2011, zitiert in: spiegel-online, abgerufen am 28.05.2014.

11 Zitiert bei Fred Pearce, in: Demography, Growth and Inequality: Age Invaders, in: The Economist, 26.04.2014, S. 18.

12 Stefan Frank: Die Geldsammelmaschinen wanken, ZEIT-Online, 19.11.2012.

13 Ivan Illich: Die Nemesis der Medizin. Die Kritik der Medikalisierung des Lebens, 4. Auflage, München 1995, S. 136.

14 So erzählt bei Simone de Beauvoir: Das Alter, Reinbek 2000.

15 Warren Buffett: Global Ageing: A Billion Shades of Grey, in: The Economist, 26.04.2014, S. 9.

16 Demography, Growth and Inequality: Age Invaders, ebd. S. 18.

17 Vgl. dazu Vandana Shiva: Jenseits des Wachstums. Warum wir mit der Erde Frieden schließen müssen, Zürich 2014; Stephen Emmott: Zehn Milliarden, Berlin 2013.

18 Die Geschichte erzählt Karlfried Graf Dürckheim in einem Interview in YouTube, unter: https://www.youtube.com/watch?v=_c970Va_9nU, zuletzt abgerufen am 22.07.2014.

19 Karlfried Graf Dürckheim: Vom doppelten Ursprung des Menschen, Freiburg im Breisgau 1997, S. 126.

20 Antoine de Saint-Exupéry: Die Stadt in der Wüste, Düsseldorf 2009, S. 48 f.

21 Ebd., S. 50.

22 Süddeutsche Zeitung vom 21.06.2014.

23 Martin Rupps: Generation Wohlstand, in: der Freitag vom 08.05.2014, S. 10 f.

24 Martin Rupps ebd.

25 Charles Bukowski: Die Ochsentour, Frankfurt am Main 1982, S. 156 f.

26 Byung-Chul Han: Müdigkeitsgesellschaft, 8. Auflage, Berlin 2013, S. 16.

27 Ebd., S. 17 f.

28 Peter Handke: Versuch über die Müdigkeit, Frankfurt am Main 1992, zitiert bei Han, a.a.O. S. 58 f.

29 Vgl. die sehr aufschlussreiche Generali Altersstudie 2013, Frankfurt am Main 2013.

30 Vgl. Han, a.a.O. S. 58.

31 Apostelgeschichte 2,14 ff.

32 Zhuangzi XIV; vgl. Theo Fischer: Wu wei. Die Lebenskunst des Tao, Hamburg 2005.

33 2001: Odyssee im Weltraum, Science-Fiction-Film aus dem Jahr 1968 von Regisseur Stanley Kubrick.

34 Joseph Conrad: Jugend. Ein Bericht, Einführung und S. 82 ff., Frankfurt am Main 1990.

35 Friedrich Hölderlin: Das Schicksal (entstanden 1793/94), in: Gedichte, Dresden 2013, S. 69, Waltershausen 1974, S. 69.

36 Eine Formulierung, die leider nicht von mir, sondern von Oliver Kalkofe stammt, TV Spielfilm 9/2014.

37 Peter Sloterdijk: Reflexionen eines nicht mehr Unpoliti-
   schen, Frankfurt am Main 2013, S. 32.

38 Stephen Emmott: Zehn Milliarden, Berlin 2013, S. 12.

39 Ebd., S. 186 f.

40 Ebd., S. 186.

41 Lexikon des Mittelalters, Band V, Stuttgart 1999,
   Spalte 1781.

42 Bernhard Streck (Hrsg.): Wörterbuch der Ethnologie, Köln
   1987, S. 17–21.

43 Tschuang Tse: Reden und Gleichnisse, herausgegeben von
   Martin Buber, Zürich 1951.

44 Vgl. Eugen Drewermanns eindrucksvolle Interpretation
   (Eugen Drewermann: Schneewittchen / Die zwei Brüder.
   Grimms Märchen tiefenpsychologisch gedeutet, München
   2003, S. 44 ff.).

45 Historisches Wörterbuch der Philosophie, Band 8, Basel
   1992, Sp. 1343 ff.

46 Vgl. Reimer Gronemeyer: Der Himmel, München 2013.

47 Paul Valéry: Herr Teste, Frankfurt am Main 1965, S. 15.

48 Robert Musil in einem 1937 gehaltenen Vortrag (Robert
   Musil: Über die Dummheit), zitiert in: Historisches Lexikon
   der Philosophie, Band 2, Basel 1972, Sp. 300.

49 Spiegel online, 27.02.2013.

50 Irving Kenneth Zola: Healthism and Disabling Medicaliza-
   tion, in: Ivan Illich u. a.: Disabling Professions, London 1977,
   S. 41.

51 Zitiert ebd.

52 Zitiert bei Heinz Rüegger, in: Giovanni Maio (Hrsg.):
   Altwerden ohne alt zu sein? Ethische Grenzen der Anti-
   Aging-Medizin, Freiburg 2011, S. 250.

53 Zitiert bei Rüegger a.a.O.

54 Hermann Hesse: Mit der Reife wird man immer jünger,
   Frankfurt am Main 2002, S. 64.

55 Ebd., S. 67.

56 Thomas Rentsch: Altern als Weg zu sich selbst, in: H. Blonski
   (Hrsg.): Ethik in Gerontologie und Altenpflege, Hagen 1997,
   S. 93–104.

57 Italo Calvino: Herr Palomar, 4. Auflage, Nördlingen 2000,
   S. 137.

58 Ebd., S. 138.

59 Ivan Illich: Die Nemesis der Medizin. Die Kritik der Medikalisierung des Lebens, 4. Auflage, München 1995, S. 208.

60 Ebd., S. 194.

61 Ivan Illich: In den Flüssen nördlich der Zukunft, München 2006, S. 235.

62 Ilya Metchnikoff, zitiert in: Zola, a.a.O. S. 43 und 50.

63 Hermann Hesse: Der Steppenwolf, Frankfurt am Main 1999.

64 Handwörterbuch des deutschen Aberglaubens, Band 1, Berlin 1987, s. Alter.

65 Gerlinde Gukelberger-Felix: »Viele Deutsche können nicht mehr kochen«, Interview mit Hans Hauner, in: Spiegel online vom 27.06.2014.

66 Valentin Thurn: Das große Wegwerfen, in: Le Monde diplomatique, Mai 2014 S. 3 f.

67 S. Wikipedia: Schwedenspeisung.

68 S. Wikipedia: Brave New World.

69 Diese Diskussion hat Miriam Meckel aufgegriffen: Wir verschwinden. Der Mensch im digitalen Zeitalter, Zürich 2013, S. 6 ff.

70 Ebd.

71 Christian Hesse: Der Arzt kann einpacken, in: Süddeutsche Zeitung vom 21.05.2014, S. 2.

72 Ebd.

73 Stefan Haßinger, Rostock, in einem Referat zum Thema »Technische Unterstützungssysteme bei Demenz. Hilfe für Betroffene, eigene Mitschrift 2013. Siehe auch http://www.demenz-service-owl.de/tl_files/owl/Bielefeld/ Vortragsfolien%20AWO-Bielefeld%20Hassinger%209-11-2012. pdf (letzter Zugriff am 20.05.2014).

74 Meckel, a.a.O. S. 18 unter Bezug auf den BBC.

75 Ebd., S. 18.

76 Ebd.

77 Zitiert ebd., S. 31.

78 Heribert Prantl: Alt. Amen. Anfang, München 2013, S. 51 ff.

79 Ebd., S. 52.

80 Sabine Bode: Die vergessene Generation. Die Kriegskinder brechen ihr Schweigen, Stuttgart 2004.

81 Ebd., S. 31.

82 Ebd., S. 36.

83 W. G. Sebald: Luftkrieg und Literatur, 6. Auflage, München 2013, S. 93.

84 Ebd., S. 16.

85 Ebd., S. 19.

86 Zitiert ebd., S. 13.

87 Ebd., S. 35.

88 Ebd., S. 41.

89 So Katja Kullmann: Ruinenporno. Jetzt bröckeln die Shopping Malls, in: der Freitag vom 12.06.2014, S. 22.

90 Allan Kellehear, Carina Obermair: Sorgende Gemeinschaften, in: Palliative Praxis 23, 2014, S. 15 f.

91 Ebd., S. 18 f.

92 Ebd., S. 19.

93 Thomas Klie: Wen kümmern die Alten? Auf dem Weg in eine sorgende Gemeinschaft, München 2014. Und ders.: Sorgende Gemeinschaft – Blick zurück nach vorn? In: Palliative Praxis 23, 2014, S. 20 ff. Vgl. Reimer Gronemeyer / Andreas Heller: In Ruhe sterben. Was wir uns wünschen und was die moderne Medizin nicht leisten kann, München 2014.

94 Paul Baltes: Erfolgreiches Altern, Interview unter: http:// www.sgw.hs-magdeburg.de/eumahp/exemple1/exemple2/ Modul03/yhtml/fenster/paul-baltes.html, zuletzt abgerufen am 29.07.2014.

95 Odo Marquard: Theoriefähigkeit des Alters, in: ders.: Philosophie des Stattdessen, Ditzingen 2000, S. 135 – 139. Zitiert in: Giovanni Maio (Hrsg.): Altwerden ohne alt zu sein, Freiburg 2011, S. 13.

96 Luisa Francia: Zaubergarn, München 1989.

97 Ulrike Baureithel: Ein Kind um jeden Preis?, in: der Freitag vom 28.05.2014.

98 Ebd.

99 Ulrike Baureithel: Die Demografielüge, unter: www.gen-ethisches netzwerk.de/gid/217/baureithel/ demografielüge-frei-online (letzter Zugriff am 01.06.2014).

100 Ebd.

101 Pierre Bourdieu: Algerische Skizzen, Frankfurt am Main 2010. (Den Hinweis verdanke ich Jonas Metzger.)

102 Ebd.

103 Sibylle Berg: Männer und Frauen – der Geruch des Irrsinns, in: Spiegel online, 02.06.2014.

104 Ivan Illich: Genus. Zu einer historischen Kritik der Gleichheit, 2. Auflage, München 1995, S. 17.

105 Ebd., S. 16.

106 Ivan Illich: Die Nemesis der Medizin, München 1995, S. 93 f.

107 Friedrich Nietzsche: Menschliches, Allzumenschliches – Neuntes Hauptstück. Der Mensch mit sich allein. Nr. 638: Der Wanderer.

108 Hermann Hesse: Stufen – Ausgewählte Gedichte, Frankfurt am Main 1972.

109 Franz Kafka: Vor dem Gesetz, in: Sämtliche Erzählungen, Frankfurt am Main 1989, S. 131.